赛场夺魁

中学生参赛作文指津

董来容 著

图书在版编目(CIP)数据

赛场夺魁：中学生参赛作文指津 / 董来容著．重庆：西南大学出版社，2025. 6. -- ISBN 978-7-5697-3143-9

Ⅰ. G634.343

中国国家版本馆CIP数据核字第2025CC1246号

赛场夺魁——中学生参赛作文指津

SAICHANG DUOKUI ZHONGXUESHENG CANSAI ZUOWEN ZHIJIN

董来容　著

责任编辑：唐　诗
责任校对：刘江华
装帧设计：殳十堂_朱　璇
排　　版：杨建华
出版发行：西南大学出版社（原西南师范大学出版社）
　　　　　地址：重庆市北碚区天生路2号
　　　　　邮编：400715
　　　　　电话：023-68868624
印　　刷：重庆市圣立印刷有限公司
成品尺寸：185 mm×260 mm
印　　张：11.5
字　　数：240千字
版　　次：2025年6月 第1版
印　　次：2025年6月 第1次印刷
书　　号：ISBN 978-7-5697-3143-9

定　　价：58.00元

序

在AI技术汹涌澎湃、扑面而来的当下，AI写作以纯技术而非人化的方式，轻松便捷、文采斐然、卓有成效地将内隐于人们心灵深处的思考、思维、思想、情感、情意、观点、主张、态度、立场等，结构化或非结构化地呈现于人们眼前，程式化地呈现于诗歌、小说、散文、戏剧等文学作品中，同质化而非差异化地呈现于讲话稿、报告、论文等实用性作品里，炫技夺彩地惊异、惊骇了人们眼球，颠覆了人们固有的写作认知、写作思想和写作态度，甚至让一些语文老师困惑不已：还有必要教学生怎样写作文吗？还有必要绞尽脑汁地设计一堂堂精彩的作文课吗？还有必要探索、改革与创新作文教学的思想方法吗？培养、提升学生写作能力的不二法门是什么？未来作文教学的方向与路径在哪里？

董来容老师二十多年苦心孤诣探索出的《赛场夺魁——中学生参赛作文指津》一书，其理论价值就在于面对AI写作的时代浪潮，给困惑不已的语文老师在写作思想上释疑除惑，告诉老师们：将学生引领进高水平、高品质、高效率的写作殿堂，是语文教学绕不过去的“永恒话题”，探索、研究怎样给学生一把打开写作宝库、提升写作能力的“金钥匙”，也是每个语文老师责无旁贷的教学责任和教学义务。

《尚书·舜典》曾记录舜帝说过的一句话：“诗言志，歌永言，声依永，律和声。”这句话告诉我们：诗歌与音乐都是人们心灵世界里主观思想情感的真实流露与真切再现，都是人们内在思想情绪主动自觉、不可遏抑的艺术化倾诉与表达。《毛诗序》说："诗者，志之所之也。在心为志，发言为诗。情动于中而形于言，言之不足，故嗟叹之；嗟叹之不足，故永歌之；永歌之不足，不知手之舞之，足之蹈之也。"

无论AI写作怎样流行，它们都不可能真正代替人本身的写作。人是一种社会文化的存在物，存在于社会文化里的每个人，都有一种不同于他人的自我化倾诉与表达，无论倾诉与表达的内容是什么，形式怎么样，都具有个体性、独特性与他人的不可替代性。有怎样的文字表达，有怎样的文章诉说，有怎样的作品呈现，便有每个作者迥异于他人的、怎样的个人精神风貌、品位质地、个性特征和人生气象，所谓"文如其人""读文见人""读文识人"便是这个道理。AI写作永远无法体现个人的精神风貌、品质个性和人生气象，更无法写出个性化的"这一个"。

董来容老师的《赛场夺魁——中学生参赛作文指津》教导学生怎样高效快速地写出有质量、有品位、有意义和有价值的作文，以彰显其独特的个性品貌和精神气象，以绝对胜利的信心、姿态和把握挑战人工智能与AI写作，因此这是一本具有时代新气息、新感觉、新思想、新技术的学生写作指导书。

著名语文教育家叶圣陶先生曾说，教学，就是"教"学生"学"，主要不是把现成的知识交给学生，而是把学习的方法教给学生，学生就可以受用一辈子。他认为"国文科写作教学的目的，在养成学生两种习惯：(一)有所积蓄，须尽量用文字发表；(二)每逢用文字发表，须尽力在技术上用工夫。董来容老师的《赛场夺魁——中学生参赛作文指津》就完全遵循这一作文教学思想，教给学生写作的基本方法与技术，同时遵循写作的基本特点和基本规律，建构了一套科学合理、切实可用的参赛作文系列化写作技术，使这本书有着独特而实在、实用、好用、能用的实践价值。

全书分为两个部分，第一部分"策略集"，共讲述了参赛作文取胜夺冠的十大策略。策略一，明眸善睐第一瞥(谈参赛作文的拟题)；策略二，莫为浮云遮望眼(谈参赛作文的审题立意)；策略三，先声夺人亮开头(谈参赛作文的开头)；策略四，谋篇布局定乾坤(谈参赛作文的谋篇布局)；策略五，众星捧月灿全篇(谈参赛作文的小标题)；策略六，学海拾贝话选材(谈参赛作文的选材)；策略七，一枝一叶总关情(谈参赛作文的细节描写)；策略八，霜叶红于二月花(谈参赛作文的铺垫渲染技巧)；策略九，精雕细琢出华章(谈参赛作文的修改润色)；策略十，点石成金留倩影(谈参赛作文的结尾)。

这部分从参赛作文怎样拟题、怎样审题立意到怎样修改润色和怎样结尾等策略，都进行了系统而全面的讲解。在每个策略专题中，又分别建构了"要义解说""经典解读""策略解密""范文引领""习作点评"等极富操作性、实践性与可行性的具体策略。"小试牛刀"引导学生从理论到实践进行具体操练，“范文引领”帮助学生对比借鉴，“习作点评”让学生从老师的点评中实现理论到实践的写作提升。

该书第二部分为“范文集”，董老师精心搜集整理了三十篇文质兼美的写作范文，供老师和同学们研读借鉴，观照、回应与印证第一部分，两个部分相得益彰，相辅相成。

董老师二十多年来潜心研究作文教学，认真备好上好每一堂作文课，广泛阅读作文教材，秉承“示范引领，以写促学，以赛激趣”写作理念，逐渐形成了“讲—练—赛”一体化的作文教学模式，让写作成为学生终身爱好和兴趣。她把握每一次机会，紧跟每一次赛事，用智慧与汗水浇灌学生，让学生在参赛中成长。近年来，她辅导学生参加各级各类征文比赛成绩突出：国家级奖10余篇，市级奖20余篇，县级奖200余篇。在2024年全国“中华魂”（毛泽东崇高精神风范）主题教育读书活动中，取得了市级特等奖2篇、一等奖1篇、二等奖1篇的好成绩，2024年8月13日—17日，她带领获奖学生吕欣语参加了重庆市关心下一代工作委员会举办的为期5天的“北京夏令营”活动，并在北京人民大会堂参加了全国“中华魂”主题读书活动30周年总结交流会。

二十多年来，董来容老师指导学生参加作文竞赛成绩优异，积累了丰富的参赛作文指导经验。这本书凝聚了她指导学生参加作文竞赛蟾宫折桂、赛场夺魁的无数心血，是她指导学生参赛作文的思想方法、经验策略的宝贵结晶。

今天，市面上学生作文实践指导书可谓汗牛充栋，但这本书最为不同、最为突出的特色在于：选点精准而精细，专门针对参赛作文而言，指导学生怎样在作文竞赛中取得亮眼的成绩，夺得闪光的金杯。同时，本书不大讲特讲空洞抽象的写作原理和写作知识，而是从大量的写作实践案例和范例出发，基于对每个具体而微的写作个案、写作问题的解剖、分析、梳理，爬罗剔抉，刮垢磨光，从中提炼出有益且实用的写作策略与写作技术，再将其应用于写作实践，构建了“实践—理论—实践”的感性体验、理性领悟、实践提升的三循环写作认知操作模式，具有较强的写作指导的体验性、领悟性、理论性、实践性、操作性和针对性，为老师及同学们提供了有用、能用、好用、会用的参赛作文写作实践指导。

如“莫为浮云遮望眼——谈参赛作文的审题立意”，在“策略解密”里提出了“审作文的材料提示语”“审作文题目”“审作文要求语”“审作文的体裁”“审出内容详略的安排”等。在讲“虚实转换”的写作方法时，不仅讲了“实题虚写”与“虚题实写”的写作技巧，还以《路》为题讲了具体审题思路：既可以以我们生活中实实在在走的路为写作角度，也可以从虚拟的人生之路和学习之路等角度入手。如果选择文题的实写，那么重在刻画事物的形象，表现现实生活中的人、事、情理等。如果选择文题的虚写，那么重在调动读者的想象和感悟，跳出现实的约束，通过隐喻、象征等手法的大量运用，为读者留下许多遐想的空间。因此，这本书，无论老师或学生，一册在手，即可教可学可用。

孔子在《论语·季氏》中说:“益者三友,损者三友。友直,友谅,友多闻,益矣。友便辟,友善柔,友便佞,损矣。”《赛场夺魁——中学生参赛作文指津》无疑是你一生最值得结交的“益友”,她教给你写作的思想,启迪你写作的智慧,让你在未来的人生旅程中鲲鹏展翅,翱翔万里;她教给你写作的技术方法,让你在铺满鲜花的人生坦途上书写更加精彩的生命华章。

追风赶月莫停留,平芜尽处是春山。选择她,与她携手同行吧!

是为序。

卢卫平

2024年9月

目录

第一部分

策略集

明眸善睐第一瞥

——谈参赛作文的拟题

要义解说

拟题，即拟写作文的题目，在半命题作文、话题作文和材料作文中适用。作文的标题，是全文的眼睛，是灵魂。题好一半文，充分说明标题的重要性，它能很好地展示作者的独具匠心和聪慧睿智。一个好的标题能够立刻吸引读者的眼球，传达文章的核心思想，甚至预示文章的风格和走向。在参赛作文中，一个出色的标题更是决定文章成败的关键因素。

标题在作文中是不容忽视的。一个恰当的标题不仅仅是文章内容的凝练概括，更是吸引读者、激发阅读兴趣的关键所在。通过精心选择和设计标题，作者能够提前传达文章的核心主题，帮助读者更好地理解和欣赏作文内容。此外，标题也反映了作者的立意和观点，对于整篇作文的结构和逻辑架构起到了导向作用。

作文标题的重要性在于它具有为读者提供预期引导的功能。一个好的标题能够概括文章主题，增强作文的表现力和吸引力，有助于组织作文的整体结构，是作文中不可或缺的一部分。

一个精心选择的作文标题不仅能够吸引读者，还可以在一定程度上预示作文的内容和主题，帮助读者更好地理解和接受作者的意图。标题不仅是作文的门面，也是作文逻辑和结构的重要组成部分。它能够为整篇文章提供一个内在的逻辑统一性和明确的方向，使得作文在内容和表达上更加连贯和有序。因此，无论是在学术写作还是日常表达中，合适的标题都能够为作品增色不少。

在探讨作文标题的重要性时，我们可以进一步强调，一个恰当的标题不仅仅是吸引读者的工具，它还可以在文体和风格上为作品设定基调。通过选择合适的词语和表达方式，标题可以传达作者的态度和观点，引导读者在阅读过程中保持统一的理解框架。此外，一个清晰明了的标题也能够帮助作者在写作过程中保持专注，并在必要时对作品进行调整和修改，以确保整体逻辑的严密性和表达效果的完整性。

由此可见,作文标题不仅是作品的开端,更是其内涵和意图的重要体现,是有效沟通和交流的关键之一。

策略解密

一、标题类型

作文标题种类丰富,有提问式、引用式、描述式、对比式和悬念式等类型。

1.提问式标题

提问式标题是一种非常有效的吸引读者注意的方式,特别适用于激发好奇心和引发思考的情境。这类标题通过直接向读者提出问题,激发他们思考和探索答案的愿望,从而吸引他们深入阅读文章内容。提问式标题的优势在于能够直接与读者互动,并且让他们在开始阅读前就参与到主题讨论中来。例如:《现代科技如何改变我们的日常生活?》这一标题,让读者思考科技在日常生活中的影响,引发了对技术发展和社会变迁的兴趣。这种标题形式能够迅速吸引不同背景和兴趣的读者,因为每个人都对提问式标题中的问题有自己独特的思考和观点。

以下是几个提问式标题的示例:

(1)“我们的环境,我们的未来:我们该如何行动?”

(2)“如何有效提高学习效率?”

(3)“现代科技如何改变我们的日常生活?”

(4)“环境保护需要我们每个人的努力吗?”

(5)“未来的教育应该是什么样子?”

这类标题通过提出问题,直接与读者互动,激发了解答或探索的欲望,从而吸引他们继续阅读文章内容。

2.引用式标题

引用式标题通过引用名人、智者或经典文献的观点或言论,为文章增添了历史纵深感和智慧洞察力,从而激发读者深入阅读的兴趣和引发读者深入的思考。这种类型的标题能够在视角上为作文注入新的维度,使得读者在阅读过程中不仅关注内容本身,还能通过引用的背景和含义进行思考和联想。

此外，引用式标题还能够传达出作者对引用内容的理解和解析，进一步加深读者对文章主题的理解和共鸣。因此，选择引用式标题时，不仅要确保引用内容与文章主题相关联，还要注意引用的深度和启发性，以确保标题能够有效吸引读者的兴趣，并准确传达作文的意图。

以下是几个引用式标题的示例：

(1)"智者所言：如何在逆境中找到力量？"

(2)"名人语录：成功的背后是怎样的努力？"

(3)"古语警示：急于求成是否值得？"

(4)"经典回顾：理解历史如何指引未来"

(5)"智慧箴言：生活中哪些价值最为重要？"

(6)"'绿水青山就是金山银山'：我们如何守护这片美丽家园？"

这类标题通过引用名人、智者或经典文献的观点或言论，为文章赋予了历史和智慧的深度，吸引读者深入探索和思考。

3.描述式标题

描述式标题是一种直接描绘文章内容或主题的方式，通常通过简明扼要的语言来概括文章的核心论点或重要观点。这类标题不像引用式标题那样直接引用他人观点或提问式标题那样激发读者思考，而是通过清晰的语言直接传达文章的主旨。

例如，描述式标题"全球变暖对极地生态的影响分析""新技术在教育中的应用与挑战"，明确指示了文章内容的主题和讨论的范围，使读者能够快速了解文章将探讨的问题和提供的信息。

描述式标题的优势在于简洁明了，能够直接告诉读者文章的核心内容，有助于读者在阅读时快速确定文章的内容和意义。在选择描述式标题时，关键在于确保准确反映文章的重点，并具备一定的吸引力，以引导读者进入内容的深入阅读和理解。

以下是描述式标题示例：

(1)"从垃圾分类到低碳生活：环保行动在我们身边"

(2)"我的假期生活：一次难忘的户外探险"

(3)"友谊的力量：我的最好朋友"

(4)"家乡之美：一座平凡而美丽的小城"

(5)"保护环境从我做起：垃圾分类无小事"

(6)"我的梦想职业：成为一名医生的梦想"

(7)"传统文化之美：中国传统节日——端午节"

(8)“科技改变生活:智能手机给我带来的便利”

(9)“珍惜时光:如何有效规划我的学习时间”

这些标题涵盖了中学生活的多个维度,包括人际交往、乡土情怀、环保意识、职业规划、文化传承、科技创新等多个方面,使得作文内容更加具体和生动。这样的描述式标题能够引导学生明确作文主题,帮助他们更好地组织思路、展开表达。

4.对比式标题

对比式标题是一种将两个或多个元素进行对比或对立展示的命题方式,通常用来凸显它们之间的相似性、差异性或冲突。这类标题不同于描述式标题,它们更注重对比效果,通过对比来引起读者的兴趣和思考。

对比式标题可以使文章具有对比分析的特色,帮助读者更清晰地理解不同观点或主题之间的区别和联系。选择对比式标题时,关键在于确保对比的元素具有明显的差异或联系,以便读者能够在阅读标题时立即获得对文章内容的大致理解,并感受到对比所带来的思考价值。

在中学作文中,使用对比式标题可以有效地引导学生进行对比分析,帮助他们深入理解不同主题或观点之间的异同点。这种标题形式不仅能够激发学生的思维深度,还能培养他们分析问题、比较事物的能力。

对比式标题在中学作文中的应用可以有多种形式,例如:

(1)文化比较

比如“中西文化的差异与共通之处”,学生可以探讨中西文化在价值观、礼仪、风俗等方面的不同和相似之处。

(2)观点对比

比如“电视与书籍对青少年知识获取影响的对比分析”,学生可以分析电视和书籍在知识传递效果、思维方式培养等方面的异同。

(3)技术发展对比

比如“传统交通工具与现代高铁的发展优劣比较”,学生可以讨论不同交通工具在速度、安全性、环保性等方面的差异。

(4)历史事件对比

比如“两次世界大战对世界格局的影响对比分析”,学生可以分析两次世界大战对政治、经济、文化等方面的长远影响,并进行比较。

这些对比式标题不仅可以帮助学生明确文章的主题和目的,还能促使他们进行深入的思考和研究,从而提升他们的写作能力和分析能力。

5.悬念式标题

在标题中留下悬念，能很好地吸引读者，激发读者强烈的阅读愿望。《100分，我恨你》这一标题就成功吸引住了读者的眼球，让其百思不得其解，为什么考了满分还要恨？不是应该很开心吗？这一悬念式的标题从一开始就深深吸引住了读者，让人无法移开眼球，迫切地想要阅读全文，一探究竟。

在作文中使用悬念式标题可以有效地吸引读者的注意力，增加阅读的趣味性和紧张感。这类标题通常采用制造悬念或引人入胜的方式，通过预示或暗示文章中将会揭示的重要信息或情节，从而引发读者的好奇心和思考欲望。

悬念式标题常常以一个问题、谜团或未知事件来吸引读者，让他们想要了解答案或解决方案。例如，“谁是真正的英雄?”这样的标题可以让读者期待在文章中找到答案，并引发他们对英雄定义的思考。通过在标题中留下悬念，作者能够在读者心中建立起期待和紧张感，从而使整篇作文更加引人入胜。这种方式特别适合叙事性或趣味性文章，可以增强故事张力和情节发展的戏剧性。使用悬念式标题时，作者需确保文章内容能够充分解答标题所隐含的问题，或揭示其主题。这样可以避免读者在阅读完后感到失望或困惑，而是感到满足和理解。考虑到目标读者群体的心理预期和兴趣点，选择合适的悬念形式和内容来设计标题。这有助于确保标题的实际效果达到预期，从而提升作文的整体吸引力和影响力。

以下是悬念式标题示例：

(1)“谁是真正的朋友?”

这个标题可以引导学生探讨和定义真正的友谊，通过故事或论述来揭示不同类型的友谊和它们的特征。

(2)“时间旅行的秘密”

这种标题可以激发学生写出关于时间旅行的想象故事或科普文章，探讨时间旅行的可能性和影响。

(3)“隐藏在森林深处的奇迹”

这个标题可以鼓励学生探索森林中的生物多样性或未知事物，写出关于探险和发现的故事或报告。

(4)“失落的宝藏:传说中的寻宝之旅”

这类标题可以引导学生深入探究历史地理背景下的寻宝传说，通过写作来解析寻宝故事背后的秘密和情节。

(5)“机器人的心灵之旅”

这个标题可以启发学生探讨人工智能和机器人的未来发展，写出关于机器人获得自我意识或人类情感的想象故事或科普文章。

(6)“隐形人背后的秘密”

这个标题可以指向一篇关于科幻或超自然题材的小说，讲述一个普通人如何获得隐身能力的故事。

(7)“未解之谜：金字塔的建造之谜”

这个标题可以指向对古代埃及金字塔建造技术的历史研究，或者开启关于古代文明未解之谜的探索。

(8)“失踪的十亿美元：财富的秘密”

这个标题可以开启一个真实或虚构的巨额资金失踪案件的故事，或是对财富管理和风险规避的探讨。

(9)“梦境的真相：梦境能否预测未来?”

这个标题下可以是对梦境科学的研究，或者是一篇关于梦境与现实关系的小说。

(10)“外星生命的秘密”

这个标题下可以是对外星生命存在的科学探讨和假设，或者是一篇关于星际探险的科幻小说。

(11)“未来的食物：我们将会吃些什么?”

这个标题下可以是对未来食物科技的预测和讨论，或者是对全球食物资源问题的分析。

总之，悬念式标题在中学作文中的运用能够使作文更具有吸引力和互动性，激发读者的思考和探索欲望，同时也能够帮助作者更好地构建故事情节或论述逻辑，提升作文的整体质量和效果。

二、拟题原则

郑板桥在总结自己的创作经验时，这样说道：“题高则诗高，题矮则诗矮，不可不慎也。”说的就是标题在文章中的重要性。参赛时，一个新颖、独特的标题能让你的作文在众多作品中脱颖而出，能立刻吸引阅卷老师的眼球，勾起他强烈的阅读欲望，迫不及待地想阅读下文，留下美好而深刻的第一印象，从而获得高分。一个好的标题可以帮助读者有针对性地进行阅读，更容易理解作者的观点和意图。因此，精心拟定作文标题对于文章的吸引力、可读性和影响力至关重要。

拟定一个好的标题时，可以考虑以下原则：

1.紧扣文体,切合主题

拟定作文标题时,应考虑文体特点。比如是记叙文,就不能拟出一个说明文的题目;如果是说明文,就不能拟出一个议论文的标题。拟标题还必须紧扣题意,吃透材料,把握精髓,这样拟出的标题才切合主题。

例如:记叙文类的标题《身边的感动》,议论文类的标题《自信——成功的垫脚石》,说明文类的标题《黑板》。

2.具体真实,小中见大

叙写真情实感,找到最小的切入口,从小处着手,以一孔而窥全豹,这样写出的作文才真实而不空洞。

例如,以"太阳"为话题的作文,就可以拟出这样的标题:《老师,我心中的暖阳》。这样就把太阳这个大话题化为一篇写人的真实文章了。

3.简洁精练,有文学色彩

作文的标题,文字不宜过长,简单明了,以两个字的词语、五个字的偏正短语和八个字的短语最佳。

例如:《耕牛》《青春的味道》《芬芳桃李,氤氲花香》。

另外,文章标题应有丰厚的韵味,语言生动有文采,富有诗情画意,给人以美的享受。

例如:《伟人之思,装点我春》《生如夏花之烂漫》《待到格桑烂漫时》。

4.新奇别致,富有创意

新颖、独特、别致的标题,能第一时间吸引读者的眼球,扣住读者的心弦,使之有新鲜感,从而激发读者的强烈愿望。

例如:《毛笔的独白》《一张桌子的自述》《小鸟的哭泣》等标题,均采用拟人化的手法,赋予毛笔、桌子、小鸟等事物人的行为,生动形象地表达某种情感。

总而言之,好标题往往言简意赅、通俗易懂、简洁明了、新颖别致,读之朗朗上口,看之赏心悦目。

好标题的特性:

(1)明确性

标题应清晰、直接地表达文章的主题或核心观点。如《芬芳桃李,氤氲花香》这一标题中的"桃李"一词就明确告诉我们,这是一篇关于老师的文章,且主题是讴歌老师无私奉献,为孩子默默付出,散发沁人花香。

(2)吸引性

标题应该具有足够吸引力,能够引发读者兴趣,激发他们阅读的欲望。如《耕牛》这一标题,就能一下子抓住读者,引发他们的思考:这是一篇什么样的文章呢?要写哪一类人呢?为什么要用这么朴实的标题?这一连串的发问,实际上就已经深深吸引住了读者,让读者迫不及待地想阅读全文,一探究竟。

(3)简洁明了性

标题简洁明了,直接表达文章的主旨和立场,避免含糊或模棱两可的表达,避免使用过于复杂或冗长的词语和句式,让读者能迅速理解文章的主要内容,快速把握文章的主题。如:《爷爷的一年》这一标题就简洁明了,一看就知道是写爷爷一年的劳作情况,让读者快速把握住文章的内容。

(4)相关性

标题与文章内容密切相关,避免出现误导或不符合实际的情况。在以“红旗飘飘,伴我成长”为主题的征文活动中,为表现主题,作者拟出了《红领巾情结》这一标题。红领巾是五星红旗的一角,标题从色彩上与主题保持了一致,从情感上与主题产生了共鸣。

(5)独特性

独特的标题能够在众多作品中脱颖而出。标题独特不失创意,有助于读者产生阅读兴趣。如《芬芳桃李,氤氲花香》这一富有诗意的标题,不仅概括了内容,而且语言诗意化,给读者留下了深刻的印象。《竹载书香,浸润我心》这一标题,语言具有文学性,给读者留下难忘的第一印象。

(6)情感共鸣

考虑使用能够触动读者情感的词语或句式,使标题更具感染力和共鸣,增强读者的情绪反应和参与度。如:《逐梦路上,春暖花开》这一标题中的“逐梦”一词就能很好地调动读者的情绪,产生情感共鸣。

(7)行动号召

若适用,可以在标题中融入行动动词或号召性词语,激发读者的行动或进一步的思考。

(8)审美考量

在语言表达和视觉呈现上,考虑标题的美感和版面布局,使其在视觉上更具冲击力。

(9)反问或疑问

使用反问句或疑问句作为标题形式,能够引发读者的思考和好奇心,增加阅读的互动性和参与度。

(10)引用或用典

适当引用名人名言或文学典故,可以增加标题的文化内涵和深度,吸引对文学或历史感兴趣的读者。

(11)数字或统计数据

在标题中加入具体的数字或统计数据,可以增加信息的权威性和实用性,吸引相关领域的专业读者。

(12)反转或悬念

通过反转传统观念或设置悬念,制造标题的戏剧性和吸引力,引发读者的兴趣和思考。

(13)利用情景和场景

根据文章内容的情境,选择合适的场景或情景描述,使标题更具生动性和表现力,增加视觉和情感上的张力。

(14)网络热词和流行语

适当利用网络热词和流行语,可以增加标题的时效性和吸引力,吸引年轻读者和互联网用户的注意。

按照上述原则和特性优化标题,有助于确保标题既能准确传达信息,又能有效吸引目标读者,从而有效提升文章的整体质量和阅读体验。

三、拟题方法

1.前后增补

这个拟题方法一般是针对一个词的话题作文而言的。因为话题作文的话题一般都比较宽泛,内容涉及又比较广,若不加以限制,写作时就很难把握。因此,在话题前巧妙地加上一些修饰语和限制语,就能把大话题变小内容,把虚的内容变实在,将抽象的事例具体化、真实化。

例如:以“环保”为话题的作文可在“环保”二字前添词,如“珍视环保”,也可在“环保”二字后补词,如“环保伴我行”,还可在“环保”前后添补,如“重视环保是担当”“无环保,不青春”。

2.巧用修辞

巧用修辞是加强语言表达效果的一种方法和手段,常用拟人、比喻等手法,可以令标题具有生动形象、文采飞扬、新颖别致之感。

例如:

(1)比喻拟题

《人生也是一张答卷》《父爱将我举过命运的栏杆》《友谊似花》《梦想,心中的灯塔》。

(2)拟人拟题

《与友谊同行》《冬日的诉说》《落叶流浪记》。

(3)对偶拟题

《生于忧患,死于安乐》《一头银丝,满山翠绿》《遭遇磨难,超越自我》。

(4)反问拟题

《没有付出哪来收获?》《我是差生,我容易吗?》《这点痛算什么?》。

(5)夸张拟题

《贪心不足蛇吞象》《一花一世界》《高高山顶立,深深海底行》《那个障碍粉碎了我》。

(6)双关拟题

《冬日暖阳》《花落春仍在》《爸爸的花儿落了》。

3.引用化用

所谓引用化用,是指摘引、化用名言警句、诗词文赋、谚语、俗语、广告歌词、书名、影视名等来拟题,显得别致新颖,魅力四射,使题目带有文化气息,为文章增色加料。

(1)引用名句拟题

例如:以“担当”为话题——《天下兴亡,匹夫有责》,出自爱国学者顾炎武的名言。

(2)化用名句拟题

例如:《亲情诚可贵,理性价更高》,由“生命诚可贵,爱情价更高”化用而来;

又如:《让母爱来得更猛烈些吧》,由“让暴风雨来得更猛烈些吧”化用而来。

(3)巧用诗句

例如:《霜叶红于二月花》和《小桥流水人家》这两个标题均是巧用古诗词。

(4)引用歌名或歌词

例如:《一笑而过》《我想有个家》《心语心愿》。

4.反弹琵琶

这是一种求异思维,这是创新作文中常见的方法。事物都具有双面性,有时从正面不好下手,就可以从反面寻找突破口,逆向思维。例如,以“敌人”为话题,我们就可以进行逆向思考:敌人能催你进取、助你成长,可拟出《感恩你——我的“朋友”》。

5.善用标点

标点符号是书面语不可或缺的辅助工具,是书面语言的有机组成部分,可以帮助我们更好地理解别人,表达自己的思想感情。用一些标点符号做标题,能给读者留下许多联想和想象的空间,言尽意无穷。

例1:《用“心”选择》,题目在“心”字加上双引号,一语双关,意蕴深远。

例2:《亲情? 骨肉情》,题目用自问自答的形式,巧设悬念,感情鲜明。

例3:《感性·理性·生活》和《二胡·江南》等,题目在每个词语之间加上间隔号,分清结构,标明关系。

此类题目,充分利用标点符号的语法功能,使用灵活,作用明显,简洁醒目。

6.诗情画意

这种方法就是借助诗歌、散文语言,营造出一种优美的艺术境界。

例如:《夕阳·田园·歌声》《那云·那树·那人》《雨季,不再哭泣》。

7.并列词语

一般是将两个意思相近的词语并列起来做标题,这样的标题从形式上看结构对称,从内容上看简洁明了。

例如:《蓝色蛹·金色蝶》《永恒与瞬间》《明月·黄花·心灯》。

8.急中生智

这种方法特别适合参赛作文,简单又行之有效。参赛时,由于时间有限,可能一时半会儿想不出合适的标题,就可以急中生智,将文中最精彩或者最富文采的句子进行浓缩、修改或提炼后拿来做标题。

此外,拟题时,我们还应结合具体文体的具体特点。记叙文拟题时,要用事件、人物、环境来直接命题,其题目往往具有形象、生动、含蓄的特点。如《秋天的怀念》《伟大的悲剧》《雨正大,路也正长》等。议论文拟题时往往要通过具体的事实、确凿的数字来阐明观点,题目鲜明而显豁,既有论点型,又有论题型,如《应有格物致知精神》《敬业与乐业》等类题目,特点鲜明、直截了当、简明扼要。

四、拟题注意事项

正如前面所述,标题对于作文质量的影响是非常大的。除了吸引读者和概括文章内容外,标题还可以在一定程度上影响读者对文章的态度和理解。一个生动、引人入胜的标题可以让读者对文章产生好奇心和期待,促使他们更加专注地阅读,并更容易接受作者的观点。

拟写作文标题时,提示几个注意点:

1.心态要沉稳

心定才能神清,思维才敏捷,下笔才有神。沉稳的心态对于参赛作文至关重要。其实,题目对大家而言都是一样的,你觉得简单,他人也觉得轻松;你觉得无从下笔,他人也不知怎么开头。保持平和的心态，静下心来认真写作，不必自寻烦恼。

2.题目要看清

命题作文要认真审题，不放过标题中的任何一个字，紧紧抓住题眼；半命题作文要结合给出的有限文字，补写出一个合适的标题；话题作文要紧紧围绕话题，拟出一个切合话题、新颖别致的标题来；材料作文一般都有中心句或提示语，这就要求我们在阅读材料时，紧紧抓住中心句，吃透材料。

3.联想要得体

在看清题目要求后，要快速回忆有没有见过类似的文章，有没有学过相关的课文，过去在报纸杂志、影视作品中见过没有。如果一时想不起来，也不着急，静下心来慢慢回忆。

4.与主题相关

确保标题与作文的主题紧密相关。标题应当准确反映文章打算讨论或探索的内容，避免误导读者。

5.激发兴趣

选择能够引起读者兴趣和好奇心的标题。使用悬念、问题或引人思考的元素，可以有效地吸引读者并促使他们愿意阅读作文。

6.简洁明了

确保标题简洁明了，避免使用过于复杂或晦涩的措辞。简单直接的标题更容易让读者理解和记住。

7.创造性和独特性

尽量选择具有创造性和独特性的标题，以与其他作品区分开来。这样的标题更有可能吸引读者的眼球。

8.诱导阅读

考虑使用动词或描述词语来诱导读者进行阅读。例如，使用“揭秘”“探索”“挑战”等词语可以让标题更具吸引力和行动性。

9.不要过度夸张

避免使用过度夸张或不实的词语来吸引读者，这可能导致读者对文章内容和标题之间的差距感到失望。

10.预示文章内容

标题可以在一定程度上预示或概括文章的主要内容或核心观点，这有助于读者对文章有清晰的期待。

11.反复斟酌和修改

编写标题时,可以反复斟酌和修改,确保选取最合适和最具吸引力的版本。有时候多修改几次就能帮助你找到最佳的表达方式。

12.考虑读者群体

根据不同的读者群体(如青少年、成人、学者等)选择合适的标题风格和用词。

13.测试标题的吸引力

在拟定标题后,可以向同学、老师或家人征求意见,看看他们是否觉得标题有吸引力。

通过考虑以上注意事项,你可以更好地编写出既引人入胜又恰当的作文标题,从而为文章赢得更多关注和阅读。

总之,作文标题在整篇文章中起着至关重要的作用,它不仅仅是内容的概括,更是吸引读者注意力、预示文章内容和提升阅读体验的关键元素。

一个好的标题能够立即吸引读者的注意力,激发他们的兴趣,使其愿意深入阅读全文。标题应当准确地预示文章的主题和核心内容,让读者能够大致了解即将阅读的内容。通过巧妙设置,标题能够增加阅读的互动性和情感吸引力,使读者更投入地参与到文章中来。

总之,拟定一个好的标题需要综合运用多个有效性原则,同时灵活运用各种拟标题技巧。通过不断地练习和反思,我们可以逐渐提高拟定标题的能力,为自己的作文增添更多亮点。

范文引领

春风化雨,滋润心田

文/王科淇

岁月如梦,光阴似织,童年就仿佛是一首渐行渐远的歌谣……

唱着甜蜜,唱着离别的忧伤。那些纯真的笑容和难忘的欢乐,随岁月的变迁早已开始褪色。从当初懵懂无知的孩童,成长为现在温文尔雅的少女,然而其中却蕴含着您无私的关怀和引领。考试失利时,是您给我阳光般的援助;迷茫时,是您给我启明星般的引领;失落时，是您给我清风般的抚慰；无助时，是您给予我甘霖般的爱……

多少次，泛舟在记忆的长河里，追寻着您；多少次，徜徉在心灵的苗圃里，凝望着您。我最爱的老师，您总是捧着一颗心来，却不带走半棵草。一支支粉笔成就了您一生的轨迹；两鬓的白霜谱就了您绚丽的乐章；三尺讲台铸就您平凡却厚重无比的一生。您用“润物细无声”的慈爱，呵护着我们一路成长。像春蚕般，奉献出了一生的虔诚；像春风化雨，滋润心田；像导航灯塔，照亮心灵的港湾。阳光暖暖地洒在窗棂上，柔柔地照在书的扉页上，翻开书本，密密地记下与您在一起的点点滴滴……

那是一个美丽的黄昏，您站在路旁微笑着向我招手。这是我们分别后的第一次见面。只见您捂着胸口不停地咳嗽着，却还强忍着难受亲切地问道：“闺女，你都长大了，都成大姑娘了，现在的学习生活都还习惯吗？你看，这都瘦了……”说着说着，您亲昵地捏了捏我的脸蛋，和蔼的微笑浮在您的脸上，很美。

“一切都挺好的，老师……”我羞涩地回答，心里却有一股莫名的心酸和丝丝感动。我想，您之所以咳嗽，是因为您在讲课时始终全神贯注、不敢有丝毫懈怠，加上长期的劳累与辛苦，耗费了太多太多的心血……想到这儿，泪水早已噙满双眼，但您甜美的微笑却浮现在我眼前，写满了对我的期待与盼望，在那一刻，我似乎懂得了许多……

高度近视的镜片，下陷的眼窝，深褐色的眼眸，正诉说着岁月的沧桑和印记；白色的粉笔末，雪白的银丝见证了您逝去的青春。这里有心酸的眼泪，有灿烂的憧憬，那都是您点点滴滴汇聚而成的爱，恰似那水中的芦苇，微风拂过时，漾起一圈又一圈的涟漪，美得让人心痛。

夜已深，人已静，可您却还未入眠。只见玻璃窗上您的身影，消瘦而憔悴。这时多想为您送去一缕清风，拂去您身心的疲倦与劳累。您的爱如同点点繁星，看似渺小，却点亮了我青春的花季。犹如一壶清茶，浓厚而醇香，品一口，沁人心脾……

您，最美的守护者，用自己的实际行动诠释着对“爱”的独特理解。您用渊博的知识，让我们感受古老的文明与睿智；您用宽广无私的胸怀，让我们懂得了宽容与忍让；您用深沉的爱，让我们的心灵得以润泽与洗礼。您用奉献守望着师爱的美丽！

树枝上悄悄抽出的新芽，是您在为我加油……

轻轻道一声：老师，您好！

习作点评

这是一篇写老师的文章，通过回忆与老师生活中的点点滴滴，来抒发对老师的感恩与怀念，字里行间洋溢着对老师的深情厚谊，是一篇情真意切的佳作。作者在拟标题时也下了一番功夫，《春风化雨，滋润心田》这一标题，用诗意的语言诠释了文章所写人、所叙事和所抒情，容量虽大，却让人一目了然。

小试牛刀

就本班同学名字(结合人物外貌、性格特点)拟题。

示例:

(1)《施岩不“失言”》

(2)《代伟不“带尾”》

(3)《“韩冬”好冷》

(4)《“幕裕”真爽》

(5)《打动“方欣”》

(6)《吴迪≠无敌》

(7)《张胜,“胜”?》

莫为浮云遮望眼

——谈参赛作文的审题立意

要义解说

“审题”就是逐词逐句对作文提示语、题目、要求等进行理解的过程，一般就是了解题目的含义、确定文章的体裁、主题、题材以及写作方法等。

“立意”就是确定文章的主要意义，明确文章表达的思想情感。就记叙文写作而言，立意就是确立主要思想情感；对议论文写作来说，立意就是确定文章的中心论点。清代著名学者王夫之曾说：“意犹帅也。无帅之兵，谓之乌合。”这里的“意”，指的就是文章的中心。王夫之的这句话告诉我们：一篇文章如果没有明确的中心，材料再丰富，遣词造句再考究，都算不上佳作，更不会在参赛中一举夺魁。

审题和立意关联紧密，审题是立意的前提，立意是审题的细化。

正确的审题立意能有效保证在文章的写作过程中不偏题；恰当的审题立意能有效组织材料，合理安排文章结构；只有做好审题立意才能确保我们的文章主题和写作方向符合题目具体要求，审题立意关系到作文的成败。

策略解密

一、审题应准确

审题需要做到准确、全面，那么在作文中一般怎么进行审题呢？

1.审作文的材料提示语

提示语就是写在题目前面或后面提示考生的话。一般有提示标题、概括主题、提示写作空间、选材范围和思考角度等方面的功能。其设计的初衷，一是帮助考生准确把握题意；二是直接有效地启发考生打开写作思路。故抓住提示语至关重要，尤其提示语中可能已经给出了写作对象、写作要求、出题者的褒贬情感、范围限制等，充分掌握材料中的这些信息至关重要，能明白出题者的意图和情感倾向，并根据出题者的意图、倾向来确定最好的写作方向和最佳的立意角度。

例如，以“青春的味道”为题，写一篇文章。这个题目，如果没有“青春”一词的限制，选材就非常宽广，可以写任何时候的味道。现在有了“青春”这一限制语，这篇作文的时间背景就只能是初中时期或者高中时期，文章只能描写初中阶段或者高中阶段的酸甜苦辣。

再如《爱，盛开在春日》，其提示语为：“爱是阳光雨露，让人轻松、愉悦、快乐、幸福。同学之爱，师长之爱，陌生人之爱……恰似盛开在春日的一朵朵鲜花，娇艳无比，馨香四溢。”这个提示语就直接点明了“爱”的几种类型，为考生提供了几个写作的中心点。

2.审作文题目

如果是命题作文或者是半命题作文，一般需要对题目进行仔细分析。

(1)题目中的题眼

题眼指题目中体现重点、点明中心的词语，抓住题目的题眼，就是抓住了写作的方向。如《我难以忘记那件事》中“难以忘记”就是题眼，是中心，那件事是写作的内容，文章要通过那件事来表达我的情感：难以忘怀。

(2)题目中的限制词

限制词一般包括表示时间的词语、副词、范围词等，这些词语往往对数量、对象等有明确的规定。常见限制词有时间词、地点词、数量词、方位词、人称词、条件词等。

常见的副词，如“最、也、还、再、更、其实、原来”等。

因此，拿到作文题目后，我们必须先找限制词，仔细分析它们的含义，明确能写什么和不能写什么。

如《精彩的瞬间》中的“瞬间”，是一个表示很短暂时间的词语。再如《他也是我的老师》中的“也”就说明“他”不是我们平时所指的老师，而是学习或生活中给自己帮助或对自己有影响的人。因此，写作时重点不写“他”作为老师，要写“他”像老师一样影响着“我”，感染着“我”。又如《三年初中生活，让我____________》，这里的半命题作文，就限制了写作的范围，只能是三年的初中生活，若是写成小学或者儿时家里的生活，就是偏题作文了。

(3)审题目中的修饰语

题目中常常会有一些修饰词语，对作文有具体的要求，如《荷包蛋的味道》，题目中“荷包蛋”三字对“味道”起了限制的作用。此文修饰语规定了必须写荷包蛋，去挖掘出荷包蛋的具体味道来。文章重点写味道，但一定不能丢掉荷包蛋，只有这样，才能突出味道的独特之处。

(4)审有深刻意蕴的词语

审题时不能局限于字面上的含义，还应深入领会其深层含义，比如有无比喻义、象征义和引申义等。如《一道亮丽的风景》可以有下面的理解：

①景物描写，写出风景的亮丽。

②积极向上，某种能够触动人心，温暖他人的场景。如：公交车上的让位，搀扶老奶奶过马路，环卫工人认真清扫大街等，都是生活中一道道亮丽的风景线。

这类意蕴深刻的题目，在审题时一定要认真阅读，特别注意那些精心设计的提示语和暗含深意的词语。

(5)审人称

有的文章是在标题中已经明示了人称的，这就要求我们在审题时要注意。文章采用第几人称来叙事，往往是因题目而定的。记叙文、散文、议论文、诗歌多用第一人称。由此可见，我们写作时，最常用的就是第一人称，因为它是最便于直抒胸臆的。

有的作文题目有人称的隐含规定，需要自己分析。比如《那一刻，我长大了》，在这个作文题目中，就有人称的要求“我”，说明写作中只能使用第一人称。

3.审作文要求语

①诗歌除外，文体不限。是指考生可写除诗歌外，自己擅长的任何一种文体，但要符合所写文体的特征，不能写成“四不像”文体。

②涉及真实的人名、地名、校名一律用大写的A、B、C代替，这个是为了体现阅卷的公平公正。

③不少于600字。这个是要求考生写作时，在充分表情达意、合理安排结构的基础上，保持字数在600字以上，一般也不能超出作文纸。

④注意书写规范，卷面整洁，切忌字迹潦草。这个是作文的三个基本要求，为的是给阅卷者留下美好的第一印象。

任何一次写作训练，都有具体的要求，我们应严格按照要求写作，让作文少丢分。

4.审作文的体裁

题目中含“记”“忆”等，就适合写成记叙文或散文；题目中含“说”“论”“议”“谈”等，就适合写成议论文；如果题目中不含有标志性词语，就充分理解题目的暗含意思，再确定文体。比如《班级见闻》《有意思的一天》等题目，就适合写成记叙文，再如《要有收获就必须付出》等论述某个道理的题目，就适合写成议论文。

5.审出内容详略的安排

有时候,我们也需要在题目中分析出内容写作的详略安排,进而让中心突出。如《下雪,真好》,这一作文题目在审题立意时就要特别注意,内容写下雪,而立意的关键却在“真好”两字上。如果花大量笔墨来写“下雪”,对“好”只字不提,或者一笔带过,这样的详略安排完全偏离题目要求,写出的文章就文不对题了。

千万不要以为写作文只看作文题就行了,其实有很多的要求藏在提示语及具体要求中。一定要弄清楚题目中的写作对象、写作范围,题目的比喻义以及题目提供的条件和对作文的限制等。

总之,我们在审题时,不放过任何一个字,对题目和材料中的每个字都要仔细分析和推敲,包括提示语和中心语等都不可忽视。通过仔细阅读材料,认真审题,明确题目要求。打开思路,广泛搜集素材,充分调动情感,深入理解题目,真正把题目看清、看懂。

二、立意要出彩

文章的核心和灵魂是“意”,那么,在作文中又怎么进行立意?

立意积极:是指要符合客观事物的认知规律,有正确的价值取向,有健康的身心。

立意鲜明:是指提出一个观点,明确表明肯定或者否定什么。

立意深刻:是指透过现象看本质,能够挖掘出生活的真谛和底蕴。

立意新颖:是指要有独特的见解、鲜活的思想。

作文的立意反映了人生观、世界观和价值观,因此,立意要注意以下几方面:

(1)符合社会公德,契合时代精神

例如:倡导爱国守法、诚信做人、保护环境、奉献敬业、自强不息、与时俱进;提倡以人为本的思想,讴歌生活中的真善美,抨击身边的假丑恶。

(2)传递个人感情

例如:崇敬赞美、怀念爱戴、情趣爱好、美好祝愿、讽刺批判等。

(3)探讨生活内涵

对身边的人或事的深切感悟与启迪思考。

(4)崇尚个性化表达

指对身边的人、事、现象阐述自己独特的认识和见解。

立意一定要选自己熟悉的人和事,从细微处去寻找突破口,不能盲目地跟风。不要一时心血来潮写一些自己根本不熟悉的内容勉强凑合,这样是写不出优秀作文的。

那么如何从熟悉的内容中找出深刻的立意呢?

1.大题小做

就是把宽泛的内容具体到一件平凡的小事、一个普通的人、一件不起眼的物品、一段普通的经历,找一个小小的切入口,从这个小切入口着笔去挖掘出有意义、有深度、有亮点的思想与情感。

如以“阅读生活”为话题作文,“阅读”的范围广,我们立意时,要把“阅读”这个大范围变为一个具体的小范围,可以“阅读自然”,如“赏花”“爬山”等,也可以“阅读人生”,如“勇敢面对挫折”。也可以写成“阅读人物”方面的,如“阅读母亲”。这样“化大为小”,立意就能更深刻。

2.虚实转换

一方面,可以实题虚写。

不少题目既可以从实立意,又可以从虚立意。那么,想要文章的立意深刻、新颖,就必须立足题目本意,把握基本含义,再进行延伸拓展,赋予其现实意义。比如《路》一文,既可以从生活中我们实实在在走的路为写作角度,也可以从虚拟的人生之路和学习之路等角度入手。如果选择文题的实写,那么重在刻画事物的形象,表现生活中的人、事、情理等。如果选择文题的虚写,那么重在调动读者的想象和感悟,可以运用比喻、象征等手法,为读者留下想象的空间。

另一方面,可以虚题实写。

比如《不期而遇的温暖》,题目中的题眼是“温暖”,这是人的一种感受,是看不见摸不着的,但是在写作中,我们就需要把这样的温暖具象化,把它写成实实在在的一杯茶、一次谈心、一抹微笑等。这样在具体的物象中就能体现出虚无的情感,让读者印象深刻。

有些题目需要实题虚写,抽象概括,有些题目需要虚题实写,还有些题目则可能需要虚实结合。

3.精选角度

作文的立意,往往可以从多角度入手。有的可以从正面角度,如:科技有利于人的成长。有的从反面立意,如:科技不一定有利于人的成长。甚至有的可以从辩证角度立意,即换一种眼光,换一个角度,全面地看原材料。比如科技对人的成长有一定的积极意义,但不可否定也有一些消极的影响,所以应该辩证看待科技对人成长的影响。

精选角度,就需要我们多维发散思维,从多种角度立意中,选择最优的、最精华的,不拘泥于一个角度,尽可能寻找新的突破口和立意。

4.逆向思维

逆向思维就是反其道而行之,标新立异,打破我们的思维常规和思维定式。比如“东施效颦”，我们就可以采用逆向思维来立意：赞扬东施勤于学习、努力进取的精神，这样的文章，一定会给读者眼前一亮的感觉。

5.由表及里

立意时，围绕标题层层挖掘，进行深入的思考，就能立意深刻，揭示事物的本质，反映生活的真谛。比如《那一刻，我流泪了》，我们就可以逐层思考：那一刻，我为谁流泪？我是因为什么而流泪？是感动，是激动，是喜悦，还是懊恼？这样由表及里的思考，逐层剖析，其中蕴含的情感、品质和道理，都能一一呈现，立意就显得深刻。一些作文立意显得肤浅，不够深刻高远，主要是因为作者局限于自我的小天地，叙写自己的见闻，感受自我的喜怒哀乐和荣辱得失，做井底之蛙，不能跳出来。

6.彰显时代的影子

好文章，往往能紧跟时代步伐，聚焦社会热点，折射时代光影，给人深刻印象。如以“房子”为话题的作文，可以写一家三代人的住房，从爷爷住的土房，到爸爸住的砖房，再到我现在住的小洋房，通过这一住房迭代的历程折射出时代的进步，人们生活越来越美好的变化。

这些立意，涉及大题小做、多角度立意、彰显时代的影子等方法，我们就需要根据自身的情况，选择有话可写，适合自己的进行创作。

要想取得好的立意，在写作之前可以先罗列与标题相关的多个主题，进行分析比较，最终选取一个既新颖又好驾驭的主题来进行构思与写作。

三、审题缺陷

1.题目信息不看全

不少同学会忽视材料的提示语或者是作文的常规要求，导致写作不符合出题者的意图。比如，不辨文体。如果作文题后的要求中已经明确规定了作文文体，那么必须按照要求的文体创作。

2.理解题意不全面

面对标题，不做全面的分析，没能很好地把握写作范畴，把握不住写作重点，自然写出的文章就会立意片面或者立意肤浅。比如《阅读伴我成长》这一标题，如果只写阅读，不写成长就不符合题意。既要写阅读了哪些书籍，更要写这些书籍带给你怎样的感悟，让你蜕变与提升，伴你不断成长。再如《我和我的姐姐》，这里的“和”是容易被忽视的重点，写作时应该写出“我”和“我的姐姐”之间的故事与情感，有的同学只写“我的姐姐”，这样也有些偏题了。

3.题目深意挖掘不出来

一般来说，每个作文题目或者材料都有一个核心内容，需要在把握核心内容的基础上，对文题进行充分的分析。很多同学只会看到作文题目最表面的内容，而不会挖掘深层的含义。题目中的不少词语都含有引申义、比喻义、象征义以及命题者的弦外之音等，审题时注意挖掘这些隐含词语的深意是关键，化虚为实，找准切入口。比如《梦想》，是谁的梦想？是什么样的梦想？是几个梦想？这些都可以写作，但是重点要写出为什么有这样的梦想，怎样去实现这一梦想的。这才是作文题目中隐含的深层内容，是题外之意。

4.不能把握题目内在的联系

很多题目中，蕴含了特殊的内在关系，审题时要注意全面分析，把握住题目中的内在关联。如《放纵的忧伤》，“放纵”是“忧伤”的前提，“忧伤”是“放纵”的必然结果，两者紧密关联，不可分割。写作时，必须考虑这层关系，不然就容易偏题。

四、审题失误及应对策略

下面以命题作文和半命题作文为例，具体阐释作文在审题方面的失误及应对策略。

（一）命题作文审题失误及应对策略

1.审题失误

（1）偷换概念

作文《奖励自己》中的“奖励”是指用物质或精神对自我进行鼓励与认可，重在“奖赏”。其中一个考生重点写自己失败后在烈士精神的激励下获得成功的全过程，很明显这位考生就偷换了概念，想当然地用“激励”替换了“奖励”，造成作文的重大失误。

（2）不明喻义

作文《只要翻过那座山》中的“山”喻指生活中的困难、挫折、荆棘、坎坷等。而考生没能抓住这点，一味地书写自己的一次登山经历，完全不提及自己是如何战胜生活中的困难的，很显然这样的作文就严重偏题了。

（3）忽略关键

作文题《我的地盘我做主》中的“做主”是关键词，它强调的是“我”在自我地盘上的主导作用。有的考生忽略了这一点，写成了“我渴望做主”“我想做主”之类。

(4)思路狭窄

作文《感动》,大部分考生看见这个标题,心中就会窃喜,这个题目太好写了,于是“下雨送伞”“生病送医院”“上课送书籍”等文章屡见不鲜,这些内容千篇一律,大量雷同卷,让阅卷老师审美疲劳,不禁慨叹道:难道感动于你的就只有送伞、送医院吗?

(5)不合要求

作文标题为“感动”,有的考生偏偏要稀里糊涂地重新拟题,如“难忘的感动”“让我铭记的感动”之类,把命题作文当作话题作文来写。

2.应对策略

(1)逐字扫描

看清题目中的每一个字,一个一个字进行分析,这样的审题就会精准把握,不会失误。

(2)抓住关键

命题作文一定有一个关键词,即我们常说的“题眼”,考生只有抓住了关键词,从关键词的角度去审题才不会偏离方向,立意才能与题旨吻合。

(3)多向拓展

作文《凝聚》,我们可以拓宽思路,写家庭、校园以外的自然、历史、社会、人生等,这样考生就能拓宽写作空间,文章也容易推陈出新。

(4)深度思考

有的作文本身就含有比喻义,在审题时一定要进行深度的思考,把其中的喻义挖掘出来,否则作文的立意就会出现偏颇。比如《我身边的风景线》,如果没有认真思考“风景线”一词,不明白它的喻义,比喻生活中一切美好的人和事,一味地去描写身边的一处亮丽风景,这样的作文就不会是上乘之作。

(5)化中出新

这里的“化”,包括虚实之间、大小之间的“化”。泛泛而谈,令人乏味;善于点化,才能出新。比如“赠人玫瑰,手有余香”中的“玫瑰”,本是很“实”的概念,审题时考生必须“化实为虚”:一次跌倒后的搀扶,一次礼物的分享,一句暖心的问候,一个鼓励的拥抱等都可以成为“玫瑰”。

(二)半命题作文审题失误及应对策略

1.审题失误

(1)补题不准

作文“她的_________,让我铭记”,命题中明确规定“在横线上填两个字的形容词”,不少考生补的却是两个字的名词或动词，如“微笑”“奉献”“努力”等。

（2）补题老套

近几年，半命题作文补题陈旧和趋同现象越来越严重。作文“我身边的_________”很多考生直接补上“友谊”“亲情”“爱”等字眼，令人乏味。为什么不能补上“风景线”“微尘”“交响曲”“七色花”这些富有诗意和新意的词语呢？

（3）补题“不靓”

“不新”主要是针对“趋同”而言，“不靓”主要是针对平实而言。作文“___________来了”，如果不动脑筋地补上“新学期”三个字，“撞车”会极其严重。如果考生填上“秋姑娘”三个字，不就使题目“靓丽”起来了吗？

2.应对策略

（1）别出心裁

考生在补题时要尽量避开提示语中列举的词语，人无我有，人有我奇，翻出新意，别具一格。

（2）推陈出新

把不会发声的事物“化”为能发声的事物，采用拟人化的写法；把会发声的人写成不会发声的物，采用拟物化的写法，拟题都容易出新。

（3）多样视角

作文“爱是_________”，为考生打开了多视角的窗口，审题时要善于审出新角度，例如：“爱是一种负担”——心理健康角度，“爱是蓝色天空”——环保角度。

（4）深入内里

作文“曾经错过的_________”，题目的内涵就是对美的追忆和讴歌，所有与美有关又被错过的事物都能用来补题，越形象、越富有诗意越好，例如“一抹夕阳”“一轮明月”“一缕微光”“一片绿叶”等都可以作为写作的内容。

五、立意缺陷

近年来，随着中考和高考的改革，作文也做出了相应的调整。命题作文、半命题作文、话题作文减少，取而代之的是材料作文和情景作文。这样一来，学生写作空间增大，立意更宽，部分学生就任意为之，乱踩底线，作文立意失误问题不断出现。具体而言，有以下立意缺陷。

1.立意不准确

作文时，很多同学习惯快速扫过材料和要求，马上就立意写作，还自信满满地觉得自己的审题立意不会有问题，事实并非如此。例如：以“和谐”为话题写一篇文章。有学生认为，我只要把自己的学习处理好了，就能让班级和谐，家庭和睦，这就是在为和谐社会出力了。这种“各人自扫门前雪，休管他人瓦上霜”的做法并不是真正地倡导和谐，而是背离了构建和谐社会的本质，这种立意是不对的。

2.立意不健康

写作时，主张正面立意，写那些积极健康、阳光向上的东西。例如，以“情”为话题写一篇文章，有学生就在文中大肆渲染爱情的美好，希望在初中阶段爱情能降临在自己的身上。殊不知，甜蜜爱情与中学生身份不相符，有悖《中学生守则》和《中学生日常行为规范》，是不健康的立意。

3.立意不鲜明

指立意模棱两可，含混不清。文章的主旨可以直抒胸臆，也可以委婉含蓄，赞成什么，反对什么，旗帜鲜明地指出来，不能模糊不清，更不能雾里看花，不明所以。

4.立意不集中

指认识不到位，缺乏明确的分析，导致主题分散。对学生而言，一旦确立了主题，就必须紧紧围绕主题展开。如《藤野先生》，中心是写“藤野先生对我的关爱”，全文所选事件都围绕这个点展开。

5.立意角度少

“横看成岭侧成峰，远近高低各不同”，告诉我们应多角度、全方位看待事物，不能单一。其实，作文时角度的选取也很重要，角度选得好，就会有好的立意出炉，反之，就会立意偏颇，出现偏题、跑题的现象。

6.立意不深刻

立意如果不能由表及里、由浅入深，就会浅尝辄止，不能透过现象去看本质。例如：作文《失败》，不少考生都尽情倾诉生活中的诸多失败，没有深入思考，纵向挖掘。而有位同学则反其道而行之，提出了“失败，我感恩你”的观点。这样，立意就意味深长得多。

7.立意不新颖

很多学生在作文时不能与时俱进，观点陈旧、立意老套，事例千篇一律，人云亦云。作文《我帮外婆做家务》，很多孩子都千篇一律地写帮外婆洗衣、做饭、擦桌子，一位学生反其道而行之，叙写自己被“剥夺”了做家务的权利，在强烈的“抗议”下，经过多次“交涉”，才获得了做家务的特权。这样的立意就十分深刻，也特别新颖。

总之，作文在立意时一定要新：新视角、新体验、新视点，写出新颖别致的文章。这样你的作文才会焕发出奇光异彩！

范文引领

灯光下的感动

文/周彦博

灯光下母亲的身影，久久萦绕在我的眼前……

灯光·慈母

凌晨，万物仍在沉睡。幽暗的苍穹下，阵阵凉风袭来，吹拂着我的身体，冰冷着我的心灵……

“咔嚓。”一声清脆的开门声传来，一阵窸窸窣窣的脚步声渐渐靠近。我佯装睡着，半眯着眼。那是一双手，一双熟悉而又陌生的手。

昏暗的灯光下，本就不白的双手显得更加黝黑，粗糙的手掌上，一个个坚实的硬茧格外醒目，那是母亲十几年如一日的生活印记。母亲弯下腰，小心翼翼地拎起被单的一角，慢慢地、轻轻地将被单掖在我的脖子处，然后再拎起另一角，重复着刚才的动作。母亲站起身，打量了我一会儿，转过身，带上门，一切又归于沉寂……

一股暖流夹着棉花的柔软一并涌入我的心田，我猛地睁开双眼，在黑夜里咀嚼着那份细腻的爱……

窗外的风“吹熄”了灯光，却抹不掉脸上那一行行感动的泪痕……

灯光·恩师

暗淡无光的办公室里，简洁朴素的办公桌前，闪闪发光的小台灯下，有一位老师正在耐心细致地讲解——

“你这篇文章内容太单一,没有突出的地方,只是一味地平铺直叙……”

“这里的心理描写很细腻,充分展示了人物的内心活动,不错。”

“以后记得把字写大一些,看起来太小家子气了……”

“妈妈,您别说了,就我这篇作文,是登不了大雅之堂的。”

“怎么就不行呢?你的作文框架不差,构思立意也还不错,只是语言欠佳,内容尚缺,我们可以用情感和辞藻去弥补它。只要你在写作时有一颗上进的心,妈妈就会带领你在作文的道路上一路前行……”

初三这一年,妈妈成了我的语文老师。第一次作文之后,我和妈妈坐在了电脑前,我们一遍又一遍地读作文,一次又一次地交流探讨,然后她手把手教我一遍一遍地修改,反复推敲,反复提炼,做到了内容的简洁精练,情感的朴实真挚,读之也朗朗上口。

写作路上,妈妈一路相伴。我拨开了眼前的迷雾,拍打着浪花,勇敢前行……

灯光·知己

“滴答,滴答……”窗外一滴滴雨水落下,任由它打湿我的发丝,浸湿我的衣裳,我用双手捂住眼睛,眼泪从指间悄然划过……

手里握着那不堪入目的成绩单,心里很不是滋味。我不想与人交流,漫无目的地行走在校园,所有人都陆续回家了,只剩我一人在风中凌乱……

“儿子,怎么了?”

“没……没事,我只是……”

“我知道,这次的成绩不理想,没事的,下次再努力吧。”

“妈妈,您别说了,我还是接受不了。”

我绕过母亲,冲出了校门,任哗啦啦的倾盆大雨在我头顶怒吼,肆虐地奔跑在漆黑的柏油路上,我的影子在昏黄的街灯下越拉越长……

晚饭时,我拖着疲惫的双腿回家了,把自己反锁在房间里。

“咚咚、咚咚”,轻轻的敲门声传入耳中,我靠着门,缓缓坐下。母亲隔着房门,用极其温柔的声音安慰着我,鼓励着我……仿佛我俩之间没了门的间隔,想起了我俩曾经一起在草地上嬉戏的日子,我们一起在阳台上仰望苍穹的美好,我们是无话不说的好朋友……

我的心猛地一颤,站起身,打开门,与母亲紧紧相拥。明亮的灯光下,母亲脸上洋溢着慈祥的笑容:

“傻孩子,你的背后,一直有我……”

母亲,亦母亦师亦友。您是生活中的慈母,是“到死丝方尽”的春蚕,更是如钟子期一般的知音。

无数的灯光,不同的故事,带给我一次次的感动……

望着灯光下母亲的身影,我的眼眶又湿润了……

习作点评

本文是写"母爱",这是一个大主题。作者就化大为小,以生活中的琐事为切入口,紧紧围绕"灯光"这一限制语,记叙了在不同的灯光下母亲扮演的不同角色:慈母、恩师和知己,带给我满满的感动。本文审题精准,立意深刻,选材恰当,情感真挚,主题鲜明,是一篇很好的习作。

老宅的故事

文/周彦博

老宅,见证着我家三代人的生活,寄托着我家三代人的情怀,老宅故事不断……

石头房

爷爷给我讲起老宅的故事:很多年前,曾祖父召集乡邻开山凿石,用自己的身体将一块一块沉重的大石头抬到院坝。宽厚的肩膀上留下了一道道印痕,他们咬紧牙关,颤巍巍地将石头放在山下,又不得不上山去搬另一块石头。日复一日,年复一年,终于在屋门前垒起了一座座小山。工匠们来到这里,凭借精湛的凿石技术,将一块块粗糙的石块打磨成一面面整齐的石墙,石房子落成了,曾祖父笑了。

可是,曾祖父从此再也没有直起腰杆走路了。原来,曾祖父在抬石头时不小心摔了一跤,一块巨大的石块就这样压在了曾祖父的腰杆上,由于经济条件的局限,曾祖父的腰杆没能恢复原样,从那以后就只能驼着背走路了,但曾祖父的脸上却始终洋溢着幸福……

石房子虽然简陋,但它见证了曾祖父那代人的辛酸与努力。石房子是我家历史的见证,亦是新中国带领人民开创新生活的开始。

红砖房

到了爷爷这一辈,石房子的矮小、昏暗、潮湿、不透风,已经跟不上时代的变迁了。随着改革开放,生活在20世纪80年代的人们,物质生活日益富足,对居住房屋有了更高的追求。农村砖瓦房逐渐建造起来,爷爷也不甘示弱,寻思着建造一座砖瓦房。主意拿定之后，爷爷首先要解决砖瓦的问题。经过再三考虑，爷爷选的是红砖和青瓦，红砖不仅成本低，而且喜庆。砖瓦问题解决了，搬运问题又来了。由于当时交通不便利，砖瓦无法运到家门口，只能拉到离家1000米左右的地方，接下来就要靠人力搬回家。为了降低造屋成本，爷爷决定自己搬运所有的砖瓦。半个月之后，爷爷和奶奶终于把所有的砖瓦搬到了家门口，在众多能工巧匠的通力合作下，一座宽敞明亮的砖瓦房建成了。

后来爷爷回忆说：搬新家的那天，他开心得不得了，喝了整整一斤老白干，想忘掉建房过程中的所有苦楚。搬砖时手上磨出了无数的血泡，建房时踩烂了好几双胶鞋，浑身都是沙灰和水泥浆子，一个140斤的壮汉瘦成了110斤。“苦心人天不负”，所有的付出都是值得的，一座崭新的砖瓦房总算建好了，圆了爷爷的梦想。

红砖房宽敞明亮，是爷爷那代人努力的见证，亦是改革开放祖国快速发展的记忆。

小别墅

到了爸爸这一辈，普通的砖瓦房远远落伍于时代了。党的十八大以来，祖国大地一派欣欣向荣的景象，农民生活日益富足，农村生态环境明显改观。空气清新，天空湛蓝，路面干净，交通便利，让很多外出打工和上班的人越来越向往农村的生活。近几年，一座座洋房、别墅在乡村拔地而起。

爸爸与时俱进，与爷爷商讨在老家改建房屋的事情：将老家的砖瓦房修葺一番，变成一栋小别墅。意见统一，说干就干。爸爸首先从屋顶开始，将原来的青瓦拆下来，换上了红色的琉璃瓦，还在屋顶上装上了两只象征和平的鸽子；将原来的木窗子拆卸下来，换成整齐的铝合金门窗；先前的红砖也被涂料和油漆给覆盖；院坝周围装上了不锈钢栏杆；修建了专门的停车场、休闲娱乐室；冰箱、洗衣机、空调，自来水、天然气一应俱全。所有的工序都井井有条，一个月后，改建的小别墅落成了。望着这座小别墅，爷爷和爸爸脸上有难掩的喜悦，我和弟弟高兴得一蹦三尺高，全家沉浸在小别墅落成的喜庆之中。

小别墅高端大气上档次，是爸爸这代人追求美好幸福生活的见证，亦是新时代全面建成小康社会的一记印痕。

老宅的三次变迁，是祖国高速发展的缩影。我爱老宅，更爱飞速发展中的祖国！

老宅的蜕变就是祖国发展蝶变的映射——

不一样的生活，一样的情怀。老宅的故事仍在继续……

习作点评

本文标题简单明了，围绕“老宅”发生的故事，叙写老宅的三次变迁，三代人的梦想与追求，借老宅的变化来表现祖国的飞速发展。作者紧扣主题，从平常的生活中选材，通过爷爷的讲述以及自己亲眼所见来展现老宅的变化，从身边事物入手，提高了文章的立意，显得平淡朴实却又新颖别致，让关于平淡生活的素材变得滋味醇厚。

文章三部分的内容形成一种递进关系，层次清晰。文章中的多处细节描写真实生动，细细品味，素材与细节都源于生活，情感自然而然流淌于文字之间，不得不说作者真的是善于采撷生活中的动人芬芳，酿造出了醉人心扉的琼浆。

小试牛刀

阅读下面材料，认真审题立意，然后写作。

小草有幸遇见春风，更加嫩绿挺立；花儿有幸遇见太阳，更加争奇斗艳。人生也会有很多的遇见，进入初中，我们遇见新的学习环境，新的老师，新的同学，有了新的经历和认识。

请以“有幸遇见”为话题，写一篇不少于600字的作文。

先声夺人亮开头

——谈参赛作文的开头

要义解说

在作文中,开头部分如同文章的门面,给读者留下深刻印象。一个精彩绝伦的开头不仅能快速吸引读者,还能为全文奠定基调,引导读者进入作者构建的文本世界。因此,探讨参赛作文开头的艺术,对于提高学生的写作水平具有重要意义。

策略解密

一、开头的功效

1.吸引读者

参赛作文的读者主要是阅卷教师,因此开头部分需要迅速抓住读者的眼球,激发他们的阅读兴趣。通过生动有趣的描述、引人入胜的故事或引人深思的问题等方式,使读者产生强烈的阅读欲望,从而愿意继续阅读下去。

例如:当钟声响起,一天的学习结束了,回家的路上,我突然看到了一个跟我一样喜欢读书的小女孩。她带着一本书,一脸认真和兴奋的表情,仿佛整个世界都停止了旋转。这个情景让我回忆起了自己读书的热情,我不禁想知道她在读哪一本书,为什么会对阅读如此着迷。

这个例子中的开头通过生动的描写和悬念,成功地吸引了读者的兴趣。

2.传递主题

作文开头的另一个重要作用是传递作文的主题。有的作文开头部分简要地阐述文章的中心思想,使读者对文章的主要内容有一个大致的了解。这有助于读者在阅读过程中理解作者的意图和思路,从而更好地把握文章的主旨。

一个好的开头可以让读者对作文的主题有一个清晰的了解,从而更容易理解作文的内容。开头应该是简洁明了的,让读者在最短的篇幅内得到主题的提示,并引导他们进一步阅读。

例如:缓缓走过古老的小巷,我感受到了一种神秘而厚重的历史氛围。我经过一个拐角,站在了一座宏伟的古塔前。这座古塔见证了无数个寒夜和人们的喜怒哀乐,每一粒尘土和每一条裂缝都仿佛在耳语着历史的见证。不禁思考,为什么历史如此重要?

这个例子中的开头通过描绘古塔和对历史的思考,清晰地传递出作文将要探讨的主题——历史的重要性。

3.奠定全文基调

开头部分通过选择特定的语气、语调和词汇等为全文奠定了基调。这种基调可以是欢快的,或者严肃的,或者深沉的,它将在很大程度上影响读者的阅读体验和感受。因此,作者需要根据文章的主题和中心思想选择合适的基调来开头。

4.吸引评分者

中学作文的开头对于评分者来说,也是十分重要的。一个出色的开头可以激发评分者的兴趣,让他们对作文产生好感,并积极评价作文的内容。评分者通常需要评阅大量的作文,一个令人感兴趣的开头会让他们更有耐心阅读整篇作文,并给予更高的评分。

例如:城市的霓虹灯熠熠生辉,人们匆忙而过,仿佛这座城市永远不曾静下来。然而,在这喧嚣的城市中,有一片属于我自己的角落,一处宁静的公园。每当我走进公园,我就感受到了真正的宁静和平和,所有的烦恼都烟消云散。

这个例子中的开头利用对比手法,嘈杂的城市与宁静的公园形成鲜明的对比,吸引了评分者的兴趣。

5.提供背景信息或上下文

在某些情况下,在开头部分通过简要介绍相关的背景信息或上下文,可以帮助读者逐步进入文章所要探讨的主题,避免突如其来的话题转换或信息断裂。在复杂或不太熟悉的话题上,开头提供背景信息可以确保读者有足够的基础知识来理解后续的论述或阐述,避免误解或混淆。一个清晰的背景介绍可以为整篇文章设定一个合适的语境,使得文章的各个部分更具连贯性和逻辑性,读者能够更流畅地跟随作者的思路。

此外,作文的开头还可以起到引发思考和探索的作用。一个富有启发性的开头可以激发读者的好奇心和思考的欲望,促使他们深入思考文章所探讨的议题,从而提升阅读体验和认知水平。

由此可见，作文开头的功效不言而喻。作文的开头在引起人们的兴趣、传递作文的主题、吸引评分者，以及在引发思考和展示作者个性等方面具有多重功能，对文章的整体效果起着至关重要的作用。同时，开头也是展示作者写作功底和表达能力的关键，通过独特的叙事手法、生动的描写或深刻的观点，作者可以吸引读者、展示自己的写作才华，并为整篇文章增添魅力和深度。

二、常见类型

选择作文的开头类型时，需要根据文章的内容、读者群体和写作风格来决定，确保能够有效地引起读者的兴趣和理解，从而为整篇文章奠定坚实的基础。作文的开头可以采用多种常见类型，每种类型都有其独特的效果和适用场景。

1.开门见山式

开门见山式是指在开头部分直接点明文章的主题和中心思想，不加任何修饰和铺垫。这种开头方式简洁明了，所写内容使读者一目了然，最好采用一句话开头，言简意赅，给人深刻印象。例如：在这个充满竞争的时代，我们需要具备一种积极向上的精神，才能不断前进。

2.引用式

引用式是指在开头部分引用名言警句、古诗词或俗语等，以引起读者的共鸣和思考。这种开头方式具有权威性和说服力，能够增强文章的可读性和可信度。例如："路漫漫其修远兮，吾将上下而求索。"这句话告诉我们，在追求理想的道路上需要不断努力和探索。

3.设问式

设问式是指在开头部分提出一个问题或疑问，引起读者的好奇心。这种开头方式能够激发读者的阅读兴趣，促使他们主动寻找答案。例如：为什么有些人能够在困难面前坚持不懈地努力？是因为他们拥有一种强大的内心力量。

4.描述式

描述式是指在开头部分通过对场景、人物或事件进行生动的描述，营造出一种氛围或情境，使读者产生共鸣和联想。这种开头方式具有画面感和代入感，能够迅速吸引读者的注意力。例如：那是一个阳光明媚的早晨，小鸟在枝头欢快地歌唱着，我背着书包走在上学的路上。

5.定义式

定义式是指在作文开头部分对文章主题进行定义或解释,为后续内容奠定清晰的概念基础。作文采用定义式开头可以为文章提供清晰的概念基础,有助于读者准确理解和把握文章的主题。通过定义主题或概念,作文开头可以直接指引读者进入文章的核心内容和讨论范围,避免产生误解或偏离主题。此外,定义式开头还可以为作者在文章中引入具体例子、论证和深入探讨提供逻辑框架,使得整体结构更加清晰和连贯。因此,选择定义式开头时,重要的是确保所提供的定义准确、简明,并能有效地为后续内容的展开打下坚实的基础。例如:环境保护,指的是人类通过各种措施来保护和改善我们居住的自然环境,包括地球的自然资源和生物多样性。

三、存在的问题

1.内容空洞无物

有些学生在写作时缺乏思考和观察,导致开头部分空洞无物,无法吸引读者的注意。例如:今天天气晴朗,阳光明媚。这样的开头虽然简洁,但缺乏实质性的内容,难以引起读者的兴趣。

2.与主题脱节

有些学生在写作时过于追求华丽的辞藻或新奇的表达方式,导致开头部分与主题脱节,使读者难以理解作者的意图和思路。例如:在岁月的长河中,我们如同漂泊的船只……这样的开头虽然具有一定的文学性,但与主题关系不大,难以引起读者共鸣。

3.语言平淡无奇

有些学生在写作时语言平淡无奇,缺乏个性和创意,导致开头部分缺乏亮点和吸引力。例如:我最喜欢的季节是冬天,下雪后,外面就变成了银装素裹的世界。这样的开头虽然表达了作者对冬天的喜爱之情,但语言平淡无奇,难以给读者留下深刻印象。

4.模板化

模板化开头在某些情况下可以为作文的结构清晰度提供指导,特别是对于初学者或需要快速写作的场合有所帮助。然而,过度依赖模板化开头也会导致作文缺乏个性和创新,容易使读者感到枯燥无趣,降低整篇作文的吸引力和表达深度。对于有经验的作者来说,过度依赖模板化开头可能会限制他们的表达,以及思想展开上的灵活性和多样性。作文的魅力往往来源于独特的视角和生动的语言,而不是刻板的结构或套路性的叙述方式。

5.信息量不足

信息量不足的作文开头问题主要表现在开头部分没有清晰地表达文章的主题或核心观点，导致读者难以理解文章的整体内容和方向。这种问题可能会导致作文的逻辑性不足，读者可能会感到困惑或者失去兴趣。

6.跑题

跑题是作文中常见的问题，指的是开头部分与文章主体内容不相关，导致整篇文章结构松散或逻辑不清。

四、改进策略

针对以上问题，我们可以采取以下策略来改进作文开头。

1.加强观察和思考

学生在写作前应该加强观察和思考，关注身边的人和事以及社会热点等。通过观察和思考积累素材和灵感，为开头部分提供丰富的素材和有力的支撑。

2.紧扣主题和中心思想

学生在写作时应该紧扣主题和中心思想，确保开头部分与主题紧密相关。在开头部分简要地阐述文章的主题和中心思想，使读者对文章的主要内容有一个大致的了解。从而避免在开头部分引入过多无关信息，影响读者对主题的关注。

3.注重语言表达

学生在写作时应该注重语言表达，力求语言生动、形象、有感染力。通过修辞手法和生动的语言来增强开头部分的吸引力和表现力，如比喻、排比、拟人等。

4.多读、多写、多修改

学生在写作时应该多读、多写、多修改。通过不断地阅读优秀的文章和写作实践来提高自己的写作水平。在过程中要注重开头部分的修改和完善，使其更加符合文章的主题和中心思想。

5.适时点题，保持连贯性

在作文开头部分，应该适时点题，明确作文的主题和中心思想，保持开头与结尾的连贯性。避免开头与结尾脱节，缺乏呼应。换句话说，开头部分应与主体内容紧密相关，避免偏题或跑题。可以通过提前规划、明确结构和逻辑连贯性来确保开头与后续段落的衔接。

6.增加信息量

避免开头信息量不足的问题。适当提供必要的背景信息或上下文,帮助读者更好地理解文章的重要性和讨论的必要性。可以通过简要介绍背景、引用相关数据或事实来实现。

7.语言表达的优化

保持开头语言简洁明了,避免冗长复杂的句子或术语,确保表达清晰,有助于读者快速理解和把握文章的主题和要点。

总而言之,作文开头的目的是吸引读者、引起兴趣、为文章定下基调或传达主题。在写作时,可以根据文章类型和主题特点选择不同的开头方式。同时要注意语言的简洁明了和表达的生动形象,根据实际情况进行完善,不断优化。

作文开头是文章的重要组成部分,它承载着引领全文的重要作用。通过加强观察和思考、紧扣主题和中心思想,注重语言表达以及多读、多写、多修改等策略可以改善作文开头,提高学生的写作水平。教师也应该注重对学生作文开头的指导和训练,帮助学生掌握开头艺术的技巧和方法。只有这样,才能写出吸引读者的作文开头,为整篇文章增色添彩。

五、案例分析

为了更好地说明中学作文开头艺术的运用,以下将通过几个具体的案例进行分析。

案例一:开门见山式开头

作文题目:《坚持的力量》

开头部分:坚持,是成功的秘诀,也是每个人都需要养成的品质。在我成长的过程中,我深刻体会到了坚持的力量。

分析:这个开头直接点明了文章的主题——坚持的力量,并通过作者的个人经历来引出下文,简洁明了,引人入胜。

案例二:引用式开头

作文题目:《书籍是人类进步的阶梯》

开头部分:高尔基曾经说过,书籍是人类进步的阶梯。在我看来,这句话深刻揭示了书籍对于人类发展的重要性。

分析:这个开头引用了高尔基的名言,增加了文章的权威性和说服力,同时明确了文章的主题——书籍对人类发展的重要性,引起读者的兴趣和共鸣。

案例三:设问式开头

作文题目:《为什么我们需要学会合作?》

开头部分:在当今社会,我们时常需要与他人合作来完成任务。那么,为什么我们需要学会合作呢? 这是因为合作能够带来诸多好处。

分析:这个开头通过提出问题来引起读者的好奇心和思考,进而引出文章的主题——合作的重要性。这种开头方式能够激发读者的阅读兴趣,促使他们继续阅读下去。

案例四:描述式开头

作文题目:《难忘的校园时光》

开头部分:阳光透过树叶的缝隙洒在操场上,微风拂过脸颊带来一丝清凉。我站在这个熟悉的校园里,回忆起那些难忘的校园时光。

分析:这个开头通过对校园环境的描述来营造出一种氛围和情境,使读者能够迅速进入作者构建的文本世界。同时,这种开头方式也能够引起读者的共鸣和联想,增强文章的感染力和表现力。

六、教学建议

针对作文开头的教学,教师可以采取以下建议。

1.强调开头的重要性

教师在教学过程中应强调作文开头的重要性,让学生认识到一个精彩的开头对整篇作文而言是至关重要的,它能为整篇作文奠定基调。

2.教授开头技巧

教师应教授学生一些常用的作文开头技巧,如:开门见山、排比句或排比段、引用名言、描写环境、提出问题等。同时,教师应结合具体的作文题目和实例,让学生在实际训练中掌握这些技巧。例如,教师可以提供一个作文题目,让学生尝试使用不同的开头方式进行写作练习,然后对学生的作品进行点评和指导。

3.引导学生紧扣主题

教师应引导学生在写作文开头时要紧扣主题,确保开头部分与作文主题紧密相连。可以通过分析范文来展示如何紧扣主题进行开头写作。同时,教师还应提醒学生在写作过程中不断审视自己的开头部分是否与主题相符。

4.鼓励学生创新

教师应鼓励学生在写作文开头时进行创新尝试,避免使用过于平庸或陈旧的开头方式。教师可以通过分享一些具有创新性的开头例子来激发学生的创作灵感。同时,教师还应鼓励学生勇于尝试,并在实践中不断完善和提升自己的写作能力。

5.注重语言表达

教师应注重培养学生的语言表达能力,让学生在写作文开头时能够运用生动、准确、富有感染力的语言来描绘场景、表达情感或阐述观点。教师可以通过指导学生进行阅读、仿写和修改等方式来提升学生的语言表达能力。同时,教师还应提醒学生在写作过程中注意语言的规范性和准确性。

6.多样化练习

教师应设计多样化的练习来帮助学生巩固和提升作文开头的写作能力。例如,教师可以设计一些不同类型的作文题目(如记叙文、议论文、说明文等),让学生尝试用不同的开头方式进行写作练习。此外,教师还可以组织学生进行作文开头互评活动,让学生在互相交流和学习的过程中不断进步。

7.及时反馈与指导

教学中,教师应给予学生及时的反馈与指导。对于学生作品中存在的问题和不足应明确指出并给出具体的改进建议。同时,教师还应关注学生的点滴进步,及时给予肯定和表扬,培养学生的自信心,激发学生的写作热情和欲望。

8.关注生活和社会热点

教师可以引导学生关注生活、感受生活、体验生活,同时关注近期社会热点,积累丰富的素材和灵感,为开头部分提供有力的支撑。

9.阅读和点评范文

教师可以通过阅读优秀的范文,选取一些好的开头进行展示、点评和指导,让学生学习其中的优点和技巧,帮助其发现问题并改进。

10.提供反馈和改进建议

教学反馈在学生写作过程中尤为重要,它不仅帮助学生提高作文开头的质量,还促进他们整体写作能力的提升。反馈能够针对学生作文开头的逻辑性、吸引力和清晰度提出建议,帮助他们理解如何更好地引导读者进入文章主题。通过具体的反馈,学生能够意识到自己写作中的强项和改进空间,激励他们继续学习和努力提升写作技能。反馈不只限于技术层面,还可以帮助学生增强对自己写作风格和表达方式的认识,从而更好地表达个人观点和想法。通过定期的反馈和讨论,教师和学生之间建立起相互支持的学习社区,共同致力于提高写作水平和创造力。有效的教学反馈不仅能够改进学生的作文开头,还能够全面促进他们的学习和发展，为他们今后的写作和沟通能力打下坚实的基础。

总之，教师应重视作文开头的教学工作，通过教授开头技巧、引导学生紧扣主题、鼓励学生创新、注重语言表达、设计多样化练习以及及时给予反馈和指导等方式来提升学生的作文开头写作能力。只有这样，才能让学生在写作中不断进步和成长，写出更加优秀的参赛作文。

家乡的那口古井

文/周彦博

家乡的古井矗立在稻田边，默默地守护着那方水土……

天刚蒙蒙亮，一阵寒风拂过，树木岿然不动。一个瘦弱的人影飘过，脚上的烂胶鞋上，满是劳作的痕迹——一个个窟窿，未曾洗掉的泥土，破旧的鞋带杂乱地系在鞋面上；衣服上一块连着一块的补丁，横七竖八地躺着；通红的双手颤巍巍地扶着肩上晃悠悠的担子，深一脚浅一脚行走在泥泞的土路上，与这静谧的清晨格格不入……

这个身影就是我的母亲。妈妈告诉我，她很小就开始干农活，即便如此，家里仍然入不敷出。外婆为了让六个孩子生活得更好，在妈妈十三岁时，家里就干起了卖生豆芽的营生，也就是从这个时候开始，母亲每天就得挑七八挑水，与那口古井结下了不解之缘。

木制的井盖，凹凸不平的井口，坑坑洼洼的边缘，两米深的井洞里贮满了脏兮兮的水，上面还漂浮着许多杂草和枯枝败叶，这是古井最初的模样。

那时，水源难找，外公在井边蹲了半个月，一点一点打磨，才将水井打磨出雏形，并清洗干净。望着焕然一新的古井，外婆开心地笑了。

在外婆心中，那就是比肩明月的白玉盘，那就是世间最美好的繁星，是一家人希望的寄托……

母亲望着明镜似的水面，咽了咽口水，将木桶挂在挂钩上，双手紧紧握住把手，一个劲地顺时针转动把手，一圈、两圈、三圈……母亲费了九牛二虎之力，总算将水桶扯上来了，望着桶里的水，母亲用手拭去额头上大颗大颗的汗珠，才将刚刚打来的半桶水，小心翼翼地从挂钩上取下来，如此重复，另外半桶水也打捞上来了。

母亲双眼直视前方，微微颤抖的双手紧紧抓住扁担，一点一点地缓慢移动，泥泞的土路在雨水的滋润下更加缠人，母亲的步伐更加沉重，担子更加摇晃，七上八下的桶也阻碍着她的步伐……

“儿子，那段岁月是我最难忘的，虽然苦，但让我明白劳动可以创造财富。靠着这口古井，我家的豆芽生意越做越好，家里的生活也越来越好。正是这段生活经历让我明白，只有读书才可以让我不那么辛苦。”

“妈妈，我能去看看它吗？”

见到那口古井时，它早没了昔日的光彩照人，看见的只有一块块长满青苔的黝黑石头，木制的井盖早成了各种细菌的温床。布满裂痕的石块，发臭的井盖，消失的“人龙”，一点也觅不得当时的辉煌。历经多年的风吹雨打，那口古井已狼狈不堪。突然，一滴雨水“啪嗒”掉入井中，不着痕迹，不留音讯……

从古井到矿泉水，从卖生豆芽到上班工作，母亲虽没了扁担下的艰苦，但她时刻牢记曾经，珍惜当下，用自己的辛勤工作换来幸福的生活、美好的未来！

家乡的那口古井历经世事变迁，虽满目疮痍，依然守在家乡的稻田旁，守护着乡亲们美好生活的希望……

习作点评

本文是一篇情真意切的文章，字里行间都流露出作者对家乡那口古井的深厚感情，引起读者强烈的情感共鸣。文章采用一句话开头：家乡的古井矗立在稻田边，默默地守护着那方水土……言简意赅，下笔点题，很好地传达出了文章的中心。

小试牛刀

请以《姥姥的眼睛》为题，写一篇不少于600字的文章。

要求：

①诗歌除外，文体不限。

②文中不得出现真实的人名、地名、校名等。

③文章开头必须紧扣标题中的题眼，写一个简单且漂亮的开头。

谋篇布局定乾坤

——谈参赛作文的谋篇布局

要义解说

谋篇布局就是对一篇文章的结构进行整体的规划和安排,即先写什么,后写什么,再写什么,怎样过渡,怎样做到首尾呼应,怎样安排作文形式,怎样处理开头和结尾,怎样安排详略,然后有条不紊地将文章各个部分连成一个整体,组成一篇层次清晰、结构完整、富有表现力的文章。

策略解密

一、基本要求

谋篇布局就是要围绕文章的中心全面梳理材料,拟出全文的框架,实际上就是"打腹稿"的过程。参赛作文在进行谋篇布局时的基本要求:

1.言之有序

首先要确定文章的内容哪些在前面,哪些在后面。避免写作时东拉西扯,内容混乱,偏离中心。

2.详略得当

为了突出文章的中心,需要在写作前确定文章的主要内容,哪些详写,哪些略写。

3.拟出框架

可利用思维导图拟出合理的框架。

4.列出提纲

写作提纲是结合框架图,用简单的文字来布局整篇文章,包括开头、过渡、选材、形式、详略、结尾等。一个好提纲能帮助我们一气呵成完成写作。

二、方法引领

(一)写好开头,引人入胜

一篇好作文,开头一定要重视,留给读者的第一印象一定要好。好的开头,往往能一下子吸引读者,抓住读者的心。作文的开头,往往关系到作文的成败。如果文章开头拐弯抹角,内容和中心无关,那么即使内容再好,也难以吸引读者。所以重视作文的开头,让读者跟随你的思路走,有助于抓住读者的眼球,征服读者。

文章的开头方式有很多,易掌握、好操作的有以下几种:

1.巧用修辞法

常见的修辞有排比、比喻、拟人等。

(1)用排比增气势,显韵律

用排比句开头,工整的词句韵律,除了能加强语气,增强文章的气势外,还能很好地叙述事情,表现人物特点,传达思想感情。如:母爱就是儿女病榻前的关切焦灼,母爱就是儿女成长的殷殷期盼,母爱就是漂泊天涯的缕缕思念。(《母爱》)

(2)用比喻显生动,激兴趣

文章开头用比喻,将抽象的事物形象化,能很好地激发读者的阅读兴趣。如《__________,让生活充满诗意》一文的开头:让我像一叶小扁舟,遨游在浩瀚的书海里,驶向梦想的彼岸……

2.开门见山

下笔不拐弯抹角,直接入题,交代人、事、景、理等。朱自清《背影》一文的开头:我与父亲不相见已二年余了,我最不能忘记的是他的背影。文章就是直截了当,开门见山地指出所写内容——父亲的背影。

3.巧设悬念

开篇就设置一个让读者产生浓厚兴趣的疑问,一下子就把读者的心揪住,再慢慢解开疑团。悬念的设置主要有以下几种:

①亮出一个悬而未决的问题,引出下文。

②选取一个精彩的事件片段,激发读者的阅读兴趣。

③安排一个引发故事的场景,渲染特定的气氛,让人思考在特定的情境下会发生什么

事，激发阅读兴趣。

④先揭示故事或人物的结局，用倒叙法设置悬念，激发阅读兴趣。如：我不由得停住了脚步。(《紫藤萝瀑布》)再如："那只羚羊哪儿去啦?"妈妈突然问我。(《羚羊木雕》)

4.题记铺叙

题记是写在题目之后、正文之前的一段短小精练的文字，能展示主要内容，凸显文章中心，是一种诗意的表达。通常用名言警句、经典古诗词和家喻户晓的语录等来做题记。好的题记能吸引读者的阅读兴趣，引发读者的深层思考。

5.环境渲染

记叙文在叙事之前，用一段环境描写，可以渲染气氛，烘托人物心情，同时为下文做铺垫。好的环境描写能熏陶读者，陶冶情操，产生美感和愉悦感，增强文章的感染力。如：窗外的雨还在淅淅沥沥地下着，多情的雨丝打湿了梧桐的叶子，沿着雨伞边沿滑下。行走在熟悉的小巷，一首熟悉的歌谣在耳畔响起……(《谢谢您，妈妈》)

6.描写抒情式

开头可以对写作对象进行直接的描写，在描写中融入作者的情感，让读者对写作对象有直观的认识。

7.综合运用法

写作中，往往不是一种方法的单一使用，一般情况是多种方法结合起来，让文章显得内容丰富。

(二)写好结尾，卒章显志

好的结尾，如品香茗，令人回味无穷。常见的结尾方式有四种：

1.首尾呼应

首尾呼应式的收尾是作文中最常用的一种收尾方法，也是学生惯用的技法。一般是开头先提出中心，结尾再作强调，彰显文章的主旨。如《荷包蛋的味道》一文开头这样写道：母爱如荷包蛋，香醇而朴实……结尾再次强调：我大口地吃着剩下的荷包蛋，那份香醇、朴实的味道久久回荡在我的口中……这种首尾呼应式的结尾，把母爱的浓厚香醇表现得淋漓尽致。

2.升华主题

就是在文本的主题上升华、提炼和拔高，去揭示一个更大的主题，进而丰富文章的内容，深化主旨内涵。如《爷爷的一年》在结尾这样写道：爷爷的一年，就是新中国几十年的缩影。人们就是在这一年又一年里，通过不停地劳动去创造美好生活……这一结尾拔高了主题,由爷爷一个人上升到整个国家,都在通过劳动创造美好生活。

3.拓展留白

在文章的结尾处,故意留下语言的空白,让读者展开思绪,在意犹未尽中去充分联想与想象。如《邂逅》一文的结尾这样写道:我轻轻合上四季的邂逅集,转身向诗海走去……这样诗意的语言,给读者留下遐想的空间,让人意犹未尽,回味无穷。

(三)写好主体,匠心独运

1.一线串联法

文章所写事情过于复杂,且内容繁多,最有效的方法就是用一条线索把所有事件串联起来。

内容上:

①可以是人,例如《孔乙己》中的“我”即小伙计串联全文。

②可以是物,例如《一棵小桃树》中的“小桃树”的成长过程。

③可以是事,例如《散步》中以散步的经过为线索。

④可以是情感,通过对人物的刻画,展示作者的情感变化,引发读者强烈的情感共鸣。

形式上:

(1)用标题串联

运用小标题串联全文,既有提挈全文、条理明晰的功效,让人一目了然,又使文章重点突出,疏密有度,给人以赏心悦目之感。

(2)用句子串联

以句子为线索组成排比句,形式优美。读之铿锵有力,语言有气势,达到一唱三叹的艺术效果。

2.悬念解释法

在文中设置悬念,让读者的阅读兴趣得以延伸,怀着紧张或关切的心情读下去。能产生“欲知后事如何,且听下文分解”的效果。《驿路梨花》一文就设置一个个悬念,让读者一路探究下去,迫切地去找寻答案。

3.场景组合法

“场景组合法”是将生活中不同的场景,在同一个中心的统率下组合起来,构成一篇完整的文章。常用小标题的形式,去掉过渡性的语言,材料和材料之间有明显的跳跃性,可以留给读者更多的想象空白。同学们在作文时,由于字数的限制,一般适合组合三个镜头,不宜过多。《邓稼先》一文,运用多个小标题,彰显了邓稼先高贵的品质。

4.欲扬先抑法

欲扬先抑也叫先抑后扬，是一种以退为进的写作手法。

这种方法运用得当，可使情节跌宕起伏，人物形象更加丰腴，主题更加鲜明突出。鲁迅《阿长与<山海经>》一文，先写阿长喜欢切切察察，睡觉姿势难看，粗俗等，令“我”有些厌恶，后写别人办不到的事，她却能办到，尤其是给我买来渴望已久的《山海经》，让“我”对她产生了新的敬意。这种欲扬先抑的手法使阿长的形象更加的鲜明了。

5.过渡顺承法

过渡，就是把文章各部分连缀起来，使之形成连贯、严谨的整体。常见的过渡有三种：

(1)句子过渡

就是用一个过渡句连接前后句子，整个段落语意连贯。当转换较为复杂时，就用句子来过渡。如《爸爸的花儿落了》中，在顺叙插叙交接时就用了“自从六年前的那一次，我何曾再迟到过?”来过渡。

(2)段落过渡

就是用一个承上启下的段落连接上下段落，使之一脉相承。当前后意思转换很大时，一定要用段落来过渡。如《从百草园到三味书屋》中，从“百草园”转到“三味书屋”时，两部分之间的跨度较大，就用了“我不知道……我的覆盆子们和木莲们!”这个承上启下的段落来衔接两部分内容。

(3)关联词过渡

就是在段落的开头，用“因此”“总之”“由此可见”“综上所述”等关联词连接上下段落，形成一种逻辑关系。

6.前后照应法

指文章前后内容的相互关照和呼应。常见的照应法有三种：照应标题、照应开头、照应前文。简而言之，就是前面说过的，后面回应一下；后面要阐述的，前面记得先交代一下。这样文章前后内容紧密相连，使得文章结构紧凑，中心突出。

7.详略安排法

就是要求文章在谋篇布局时安排好详写和略写的内容。详写，就是把与中心密切相关的内容写得具体些、详尽些；略写，就是把与中心关系不太紧密的内容写得概括些、简略些。详略安排得当，能使文章中心明确，重点突出。

(1)根据中心定详略

记叙文中，所写人和事不是平均用墨的，一般情况，最能直接表现文章中心的地方要详写，而那些交代背景、渲染气氛的内容只需略写。

(2)根据表达形式定详略

文章详略的安排除了服从中心外,在表达方式上也是有讲究的。一般而言,叙事的文章,事件详写,抒情略写;写人的文章,人物事迹详写,景物描写略写;写景状物的文章,景物详写,议论略写。

(3)根据事理定详略

不同的文体,事理的详略是不一样的。一般而言,记叙文详事略理,议论文详理略事。无论哪种文体,事与理二者必须协调统一,做到繁简适宜,详略得当。

(4)根据语言运用定详略

详略的安排并非简单地从字数多少上来鉴定,要看中心表达的需要。详写的内容要在"细"字上下功夫,可以从扩充情节、添枝加叶、运用插叙、侧面烘托等方面来丰富内容。略写的内容要在"巧"字上着笔,可以用蕴含哲理的句子表达独特的感悟,也可以借助反复、排比等修辞来抒发真情实感。

详略的安排是一种技巧,更是一种智慧。有时需要泼墨如云,有时则应惜墨如金。

三、误区初探

作文在谋篇布局时,稍不注意就会走入误区,让你的作文在进行整体规划时陷入死胡同。具体而言,有以下几种。

误区一:撇开中心,横生旁枝。写作过程中撇开原有的中心,生出别的话题来,确立新的中心,歪着走了。

误区二:逻辑混乱,任意为之。事先没有整体布局,没有进行通盘考虑,想一段写一段,逻辑思维极其混乱,随心所欲,缺乏条理性。

误区三:分段不当,层次不清。两段式,三段式作文依然存在,段与段之间,句与句之间,表达不畅,语言混乱,严重影响了内容的整体性。

误区四:忽略照应,缺乏过渡。内容转换时不会用过渡句,前面的问题后面没有承接,后面的内容前面没有伏笔。

误区五:头重脚轻,剪裁不当。写作时追求面面俱到,不分主次,不讲详略,一律平均用力。有时开头浓墨重彩,结尾却戛然而止;有时开头轻描淡写,结尾却肆意挥洒笔墨。

在参赛作文中,谋篇布局是决定文章成败的关键。合理的结构不仅能够清晰地传达思想和情感,还能增强文章的吸引力和说服力。通过精心设计开头、主体和结尾,能有效地引导读者快速进入文本,把握主题,并对结尾留下深刻的印象。

范文引领

邂逅

文/周彦博

我从诗词长河中走来，缓缓打开诗词的篇章，与四季的美景不期而遇……

“几处早莺争暖树，谁家新燕啄春泥。”

二月，我与春姑娘邂逅在街头的小巷里。一朵桃花静静地落在我的肩头，满面都是怡人的花香。天边，两只莺鸟飞过云端，眼珠子的光亮是希望。它们飞入了温暖的家园，哺育着它们最宝贵的儿女……

红绿灯旁，几个幼儿园的小孩换上了轻便的校服，他们边走边瞧，蹦蹦跳跳地大喊着：

“奶奶，您瞧，春天来了！”

我微笑着，与春告了别……

“小荷才露尖尖角，早有蜻蜓立上头。”

五月，漫步湖边，与大片荷花不期而遇。粉嫩粉嫩的荷花像青春期害羞的少女，含苞待放，但不失青葱的活力。初夏的骄阳照在身上，不毒辣，更像春风拂面，心里浮起一丝平静。

“喂，抓紧插秧啦……”

农民伯伯的声音不绝于耳，他们在水田中行走，无数次的弯腰正是为了守护手中一株株绿色的希望。正如他们所言：

“干了活，生活就好像有了盼头……”

我弯着腰，与夏告了别……

“停车坐爱枫林晚，霜叶红于二月花。”

深秋时节，与火红的枫叶在山头邂逅。大把大把的红叶，从一个山头红遍另一个山头，奔向山去，满面都是热烈的太阳的恩宠。萧瑟的秋风吹过，却并不觉得黯淡，仿佛在枫叶的加持下，更加熠熠生辉。

在一棵枯树下，我看见独坐的“马致远”，只感到一股“断肠人”的凄凉，我将一束枫叶赠予了他，它是乐观的象征，比二月的花更加坚强！

我把玩着枫叶，向秋告了别……

“墙角数枝梅，凌寒独自开。”

严冬，伫立窗边，与窗外的蜡梅不期而遇。我未曾看过窗边的凌雪，只专注于眼前梅花。雪的云裳披在它身上，不在意；墙角恶劣的生长条件，没关系；雪不停地摧残，不放弃！梅花的傲，牵动了我，也牵动了迁客骚人……

我凝视着蜡梅，与冬作了别……

四季传达给我们的，也就是我们所应该面对的生活。春之生机，夏之豪迈，秋之达观，冬之高傲。四季的态度即人生的态度！

我轻轻合上“四季的邂逅集”，转身向诗海走去……

习作点评

本文在谋篇布局上很有考究：首先，在开头结尾处运用诗意的语言，且做到首尾呼应，使文章结构严密，形成一个整体。其次，文章按照春夏秋冬四季自然形成四部分，每部分均运用对应季节的诗句来打头，引领每一部分，每部分收尾处用一句话来归纳总结该部分的内容。最后，文章在结尾处很好地总结全文，点明主题，言尽而意无穷，给读者留下回味的空间。

小试牛刀

阅读下面的材料，审题立意之后，请你斟酌材料使用的先后与详略，先与同桌交流自己的作文构思，相互提出改进意见，再列出写作提纲，完成写作任务。

老师：“今天中午的水果是榴莲，请你们自己想办法把榴莲打开品尝。”

学生拿着榴莲告诉老师：“老师，榴莲好难打开呀！”

老师：“我们想要获得美好的东西，就必须付出艰辛的劳动。”

学生：“那为什么榴莲的果肉是一瓣儿一瓣儿的呢？”

老师：“那是它在告诉你，你手中的东西，不能独自享用，要懂得与他人分享。”

众星捧月灿全篇

——谈参赛作文的小标题

要义解说

如果说作文的中心是“灵魂”,作文的素材是“血肉”,那么,作文的结构则是“骨骼”。只有把“骨骼”打造得坚实且完美了,作文的“血肉”和“灵魂”才能被合理地安放进去。由此可见,结构对于一篇作文来说至关重要。

作文的“骨骼”需要精心构思,对于学生来说,要把自己所掌握的素材有机地组合在一起,放进这架“骨骼”之中可算得上是一件难度不小的事情。对于那些在复杂的铺陈和叙述上有困难的学生来说,合理地运用小标题结构法,能弥补他们缺乏全局观念的劣势;能帮他们省去绞尽脑汁思考如何描写、如何避免口水话、如何巧妙地过渡等诸多麻烦,从而让他们有话可说;能够让最精彩的内容鲜明地呈现在阅卷老师眼前,让他们的文章更加吸引眼球,在考场上拿到一个较为满意的分数。

运用小标题结构法,让学生在写作中更好地构思、规划自己的文章,在考场上呈现出更优质的作文。

所以,本部分着重谈谈小标题在写作中的运用,以期为同学们当下的写作提供一定的帮助。

一、小标题结构法的定义

小标题结构法是指将围绕中心选用的若干个典型材料,分别安排在几个小标题下,有机地连接成篇的结构方法。

作文开头之后,用三四个小标题去概括本文所写的事件、情节、情感等,各个小标题的内容是平行并列的,不存在主次之分,是平行排列的几个部分。

小标题的形式主要有并列式和递进式两大类。并列式小标题不分先后,没有主次之分，平行并列于文中；递进式小标题是按照材料之间在时间上、逻辑上的先后关系来安排的。对学生而言，小标题结构法不失为一种有用且容易运用的写作方式。

二、小标题结构法的好处

运用小标题结构法，更有可能让阅卷老师在大量同质化铺陈式的叙述中，仿佛看到了一股清流，引人入胜、浸润心田、触及心灵，从而使你的文章锦上添花。

1.简洁明快，一目了然

小标题具有提纲挈领的作用，使用小标题，能让阅卷老师首先通过小标题对文章内容有个粗略的了解。每个小标题所包含的内容相当，会给人一种层次分明之感，也能让阅卷老师在阅读的过程中快速、准确地了解文章内容，把握作者的写作意图。文章的各个部分按照一定的顺序排列，又有其内在联系，自然会有条理清晰、衔接自然流畅之感，一定程度上打破了传统的叙事形式，让作文的框架能更加夺目、更加精彩。

2.结构新颖，严谨巧妙

小标题之间的起承转合一目了然，使得文章结构严谨巧妙，合理地选择小标题更能让文章脱颖而出。新颖别致、独具匠心的小标题就如同一件漂亮的外衣，能让阅卷老师在阅读之后留下深刻的印象，从而使文章赢得阅卷老师的青睐，产生情感上的共鸣。

3.打破时空界限，内容跳跃性大

使用小标题结构法可以打破时空界限，不需要使用过多的过渡性话语，就能从多个角度、多个层面来表达主题。同时，这也能使字数更容易达标，让作文的内容长度得到有效的规范。文章内容跨度更大，跳跃性更强，内容更加丰富清新，却又能做到不蔓不枝。小标题结构法也可以自由变换叙述角度、主体、人称等，所以，在素材的使用上可获得更大程度的自由。

4.主旨深刻，重点突出

运用小标题可减少过渡性文字，避免“一泻千里”导致没有重点的情况出现，能更好地勾连文意、提示内容，使文章不容易脱离主题。

当你没有办法将一件事描写得主次分明，把所有细节刻画得生动形象，让情感表达得细腻生动时，也许就可以尝试使用小标题结构法，从结构上来寻找突破口，从而达到弥补只叙述一个故事的缺憾。

策略解密

一、如何拟定小标题

了解了小标题结构法的含义及作用之后，至关重要的是要知道在写作时怎样去拟定小标题。拟小标题可以先从三个人物、三个时段、三处地点、三组镜头、三段经历等角度来思考。然后，再根据写作的内容在每个片段前加上一个小标题，比如："小时候""长大后""后来啊""而现在"（余光中《乡愁》），又如："爱在小屋""爱在指间""爱在叮咛"（《原来，爱就在这里》）。

运用小标题结构法就似有几个镜头剪接、组合在了一起，会让人觉得具有灵动鲜活之感。这种结构由一系列有关联的画面连接而成，所以，运用小标题结构法的前提是文章内容必须具有明显的"板块"特征。在构思作文结构之时，作为作者的你就必须要具有这种"板块"意识，从不同的角度去思考文章是否可以分为几个"板块"。如何为这些"板块"拟定更吸引眼球的小标题呢？可以尝试运用以下几种形式。

1.时间串联

我们可以根据事情发生的先后顺序来安排材料，比如《告别手机》，就可以按照开端、发展、高潮、结局来叙写自己从沉迷手机到觉醒的全过程。再比如《师生情》，我们就可以用"晨读""午休""晚寝"三个小标题来写，将几则材料浓缩于一天之中，时间在变化，但不变的是那份浓浓的师生情。

当然，也可以从一年四季的角度去构思，将材料分化在四季之中。比如《我爱四季》，就可以用上这样的小标题："春·姹紫嫣红""夏·绿草如茵""秋·果实累累""冬·银装素裹"。写《美丽人生——感动》时，可以把"春·折叠伞""夏·电话铃声""秋·风铃""冬·车铃声"作为四个小标题，文章则可从这四个角度去落笔。

还可以用日记的形式来写几个时间点的事件。比如：写《我的初一生活》时，就可以写2023年9月1日开学的第一天，自己内心的感受或者是经历了一件难忘的事情；接着，再写开学几个月后的某一天，经历了什么事；最后，写一学期快完了的某一天，发生的一件对你来说具有重要意义的事。把这几个关键的时间点串联起来，用日记的形式作为小标题，就构成了一幅独具特色的初一生活画卷。例如："2024年5月1日 天气晴 心情指数5颗星""2024年5月8日 天气阴 心情指数4颗星""2024年5月16日 天气晴 心情指数8颗星"（《我的初一生活》）。

2. 镜头组接

将生活中几个单独的画面，按照一定的逻辑和规律串联在一起，形成镜头组接。一篇文章也可以由多个生活镜头组接在一起，从而阐释整个事件的全过程，借此抒发作者的内心感悟。

比如我们写《秋》的时候没有一个完整的连续性的故事可以表达这个主题，或者说需要几个没有直接关联的场景来表现这一主题时，就可以用镜头式的小标题，如："蔚蓝的苍穹""展翅的小鸟""金黄的枫叶"，这几个镜头都能展现"秋"的特点，把这三个镜头组接在一起，可以让文章所抒发的对"秋"的喜爱和赞美之情更加饱满。

写人的时候，仍然可以采用这种方式，选取几个镜头组接在一起来表现一个主题。用小标题的形式将整篇文章不同方面的几个片段连接在一起来表现一个情感主题，如《寻找幸福的印记》，就可以用"姥姥的幸福""妈妈的幸福"和"我的幸福"三个镜头来描绘一个其乐融融的温馨大家庭，表现作者内心的那股暖暖的温情。

3. 空间串联

根据事件发生地点的转换顺序，穿插不同地点的环境描写和相关片段，再结合每一个片段的内容拟写小标题。如写作《面对压力》，可以写在"学校""家庭""社会"等三个不同的地点，所遇到的不同的压力。学校里来自老师的压力，家庭里来自父母的压力，社会上不同角色的自述给自己心理上带来的压力，整篇文章叙写自己面对这些压力是怎样去应对的，从而得出结论：面对压力我们不能逃避，要去克服压力，把它变成成长道路上的动力。

再如写《生活中的亮点》，就可以用"小巷中""街角处""商店里"这三个小标题，描写三个不同的地点所发生的事件，更具有生活气息，用几个不同地点所呈现的"亮点"，更有力地表现了文章的中心。

4. 借鉴曲篇名

用歌曲名或名篇，抑或是化用曲篇名作为文章的小标题，简洁又富有文采。如写校园生活《宿舍奏鸣曲》，可以借鉴曲篇名拟小标题"圆舞曲""思家曲""小夜曲"，来展现自己的宿舍生活。借用曲篇名的小标题的形式将在寝室发生的三件事巧妙地组合在了一起，形式新颖，结构优美。

如写《春风春雨动我心》时，我们就可以用鲁迅的名篇《呐喊》《彷徨》《故事新编》作为文章的三个小标题，来写春风春雨给我内心带来的触动。这样的小标题别具一格，能给阅卷老师耳目一新的感受，因此有很大机会在众多的考卷中脱颖而出。

5.借用数学公式串联

跨学科融合,这是目前教育发展的趋势之一,在写作中也可体现跨学科融合。比如巧妙地化用数学公式,可以很好地激发读者的阅读兴趣。比如《瞧我这一家子》,就可以另辟蹊径,用“抛物线”“无穷大”“正比例与反比例”作为文章的三个小标题,用这样的数学公式,能更加直观地展现文章内容,更有利于抒发一家人诙谐幽默、其乐融融的情感。

6.借用颜色串联

想设置令人惊艳的小标题,我们可以借助色彩的象征意义来拟定。红色代表热情、吉祥、温暖,黑色代表严肃、刚健,白色代表纯洁、神圣、朴素,蓝色代表幽远、睿智、永恒,绿色代表希望、平静、柔和,黄色代表爽朗、愉悦、高贵。

如写《眼中的世界》则可以选用“橘红”“新绿”“雪白”“水蓝”等色彩词语,展示了生活的丰富多彩,描绘了小女孩用爱、智慧、梦想和勇气装饰人生的天空。这几组词相较于我们平时所用的“红、蓝、绿……”更具有文学韵味,让读者产生眼前一亮的感觉。

7.借用味道串联

每个人的成长历程都是多滋多味的,我们可以用味道作为文章的小标题。例如:写《品味初三》,展现初三的复杂况味,就可以用“酸”“甜”“辣”作为小标题来具体表现初三的滋味,凸显了全文的主题——初三生活的丰富多彩。

8.情感串联

叙写任何一件事情都离不开一个字——情,所以我们可以把每个板块要表现的情感提炼出来,作为本板块的小标题,让阅卷者快速把握情感的变化趋向。例如,《校园百味》以“淡淡的愁思”“涩涩的忧郁”“甜甜的幸福”为小标题。文章选用了“愁思”“忧郁”“幸福”这几个情感类的词组合成小标题,通过不同方面来展示校园生活,条分缕析,内容丰富,让朴素的文字平添了几分高雅。

运用情感串联法,拟出最简单却又能提示行文思路的小标题,我们可以这样拟:“十岁·天真”“十四岁·迷茫”“十六岁·抉择”(《心灵的脚步》)。

9.引用诗词名句

例如,《美丽的四季》就可以用春夏秋冬四个季节的诗句做小标题:“竹外桃花三两枝”“小荷才露尖尖角”“霜叶红于二月花”“凌寒独自开”。如果单单用春夏秋冬四个季节做小标题,文章就会显得很老套,毫无新意。运用诗句,文章顿时给人一种新鲜亮丽的感觉。

10.概括内容

如写《我的姐姐》就可以根据内容拟写小标题，用“她来了”“她哭了”“她笑了”三组小标题对每一个片段的主要内容进行提取概括，虽然没有翻出新意，但也能够让文章结构更加清晰地呈现眼前。

综上，小标题的形式多种多样，能够帮助学生快速形成作文的框架，迅速成文，出奇制胜。小标题的作文形式条理清晰，层次分明，打破时空的局限性，能很好地激发阅卷老师的阅读兴趣。鉴于此，我们为何不多加尝试呢？当然，在运用小标题结构法时，应根据写作的实际需要来选取合适的小标题的结构形式。除了以上的这几种小标题的结构形式，还有其他的小标题拟写形式，同学们可以根据实际情况灵活加以运用。

二、小标题拟定的要求

拟定小标题不是简简单单地凭借心血来潮随意拟定几个，而是要做到反复推敲琢磨，尽力做到贴切、简练又余韵悠长。小标题的拟定要满足以下要求：

首先，小标题必须提纲挈领，能概括每一个片段的内容。同时，小标题之间也要有一定的逻辑关系，在一定程度上都能体现行文的思路。如《我从生活那里学到的》中的四个小标题“春·百花争艳”“夏·绿草如茵”“秋·硕果累累”“冬·银装素裹”具有一脉相承的关系。

其次，小标题必须格式相仿、言简意赅。

每个小标题不宜过长，要尽量精致紧凑，贴合内容，在此基础上，其格式也得相似，体现整齐匀称之美。如《兴趣》一文，运用的三个小标题“古韵·趣”“风雅·趣”“水墨·趣”，不仅字数相同，而且格式相似，给人一种整齐、和谐、美观的感觉。

再次，小标题要紧扣中心，彰显个性。

小标题的拟定必须围绕一个中心，从不同的角度来表现文章主旨。为了能吸引阅卷老师的眼球，小标题也要尽量做到鲜明夺目、立意新颖，让其一入阅卷老师的眼，便有灿若群星之感。如《为自己加油》一文就可以围绕中心，拟定这样的三个小标题“无可奈何花落去”“似曾相识燕归来”“小园香径独徘徊”。

然后，小标题数量要合适，容量要相当。

学生的作文一般都是限定了字数的，一篇文章最适宜的小标题个数是三四个，三个最佳，不超过四个，数量过多，每个片段都会泛泛而谈，内容不够生动具体。各个小标题最好写两段，一长带一短，形成好的视觉效果。

最后，小标题的语言要富有文采，富有节奏感。

如果在以上基础之上做到新颖独特，具有文采，那就更能给文章锦上添花了。比如在写《替我们负重前行的人》的时候，就可以使用“梅”“兰”“竹”“菊”四个小标题，用这四种事物分别代表我们生活中的四类负重前行的人，不仅阅卷老师看到了清晰的文章结构，还让其看到了文章中的传统文化，更让其体会到文章的小标题具有浓烈的文化内涵，这无疑会为文章增色不少。示例：《我依然懂您》——“春意无绝”“家愁绵绵”“国恨悠悠”。这几个小标题就能张扬作者的文采，以造成先声夺人之势。

当然，也不是所有的文章都适合用小标题。能用则用，不能用则不勉强，只有这样才能使文章效果最佳。

同学们根据以上分析，结合自己写作的实际情况，具体运用小标题结构法，以期达到文章脉络清晰明了、结构新颖、衔接自然流畅的目标，从而取得事半功倍的效果。

范文引领

给自己一些时间

文/郑雨欣

喧嚣中，给自己一些时间，去品味身边的美好……

倾听田野的声音

“呱——呱——”你听，那在田野间歌唱的青蛙，唱着丰收，唱出希望。金黄的稻田，太阳映照着它，发出耀眼的光芒，光芒中似乎有“丰收”二字。农民在稻田里弯着腰，不停地挥舞着手中的镰刀，为这丰收的景象忙碌着；额头上沁出了大颗大颗的汗珠，脸上挂满了喜悦的笑容，黝黑的面庞是劳动人民的象征，他们不由地唱起那丰收的歌谣“今日收成好……”歌声回荡在半空中，歌声飘扬在田间里，天空中的鸟儿也为这奏着乐，为这辛勤的劳作高兴着。远眺蓝天白云下，是可爱的劳动人民在滚滚稻浪中辛勤工作。多么和谐的景象，多么美好的画面，多么动听的音乐！

给自己一些时间，去田野间看看，与城市间的喧闹不同，能在这歌声中静静聆听，慢慢品味田野间的美好……

细嗅花香的四溢

站在花坛前，深吸一口气，满鼻花的芳香。春天时，各色各样的花竞相开放，争奇斗艳，芳香四溢。但花香却是要去野外闻的，就如欧阳修所说“野芳发而幽香”。在野外，空气是清新的，站在花海边，吸一口气，品味其间的芳香，所有的烦恼都抛之脑后。沁人心脾的花香夹杂着泥土的清香，让人感受到的是自然，是野外的美好，这是在城市中闻到的令人作呕的废气、排放的尾气中所找不到的。

给自己一些时间，去野外看看，这里没有城市中污浊的空气，能在这四溢的花香中品味野外的美好……

感悟冬雪的静谧

冬至，雪就会无声无息地覆盖住整个城市，装点成银装素裹的世界。对于南方城市而言，雪是极不平常的。为了看雪，可以去到山坡上，登上顶峰，整个城市被冬雪所笼罩着。雪一片一片地落下，落在手心就化了，像小精灵一般，总是让人捉摸不透它的奥秘。在雪下得更大时，细细去品味，品味这冬雪带来的静谧，所有心事都暂时忘却，感受内心深处片刻的宁静与祥和。

给自己一些时间，在下雪时去山顶看看，远离城市的喧嚣，能在这神秘的景象中仔细品味，品味冬雪带来的静谧与美好……

在聒噪的世间，不妨让自己从学业和工作中抽离，品味世间的美好，让心灵得到一丝慰藉。

给自己一些时间，放松自我，从平日的劳碌中得以解脱，去感悟身边的所有美好……

给自己一些自信

文/周彦博

心花，终会绽放。

——题记

我站起身，却是一语不发……

花苞·不经风雨

入秋，凛冽的寒风掠过，掠走了温暖，掠走了绿叶，更掠走了蝉鸣。教室里，老师的说话声充满了整个空间……

“你，给我站起来！”

刚刚还在发呆的我才缓过神，顶着惊惶的眼神，缓缓站了起来。

“你说，上课为什么要发呆？”

“我……我……”

“好啊，还不回答问题，下课给我抄十遍课文！”

我坐下了，霎时间，世界归于一片沉寂，我仿佛听见两个人的私语，风声、雨声、嘲笑声，声声入耳，世界好像对我一点也不公平，强烈的情绪促使我控制不住，趴在桌子上不停地抽咽着……

花苞历经风雨，自信的花将要悄然开放……

初开·浅笑淡抹

冬至，人们都换上了厚厚的羽绒服，可我的心依然冰凉，一滴又一滴眼泪滑落在我的脸庞，我却如一座石像，岿然不动……

当我还沉浸在自己的悲痛中，突然，一只手碰了碰我的桌子，我仰起头，瞪大了眼，充满着不可思议——他是我的新同学。

同学们都讨厌我，因为我小气，遇到一些小事就哭哭啼啼，他们只要看见我就开始嘲笑我，因此，我一直很自卑，认为自己没有闪光点，不会拥有朋友。

而此时，我望着他阳光般的笑容，那笑容就像黑夜中的一束光，照亮了我阴霾的心房；就像春日的甘霖，滋润着我冰冷的心；就像迷茫时的灯塔，为我指明前行的路。我淡淡回他一笑，我知道我也可以做到……

名为自信的花初次开放，找到它所期盼的曙光。

盛开·自信绚烂

“叮叮叮，叮叮叮”，手机收到一条短信，我赶紧出门，到达指定地点，看到他来了，我们谈天说地……

因为他的一抹笑，让我重新认识我自己，我不再自卑，开始自信起来，开始相信自己，我一次又一次练习表达，一遍又一遍练习开玩笑，昔日的自卑早已不见，站在他眼前的是一个自信阳光的少年……

心中的花并不是不曾开放，只要你给它施加了足够多的“自信”养料，它也会悄然绽放，并且绚烂无比！

我和他走在来时的路上，话语声此起彼伏……

习作点评

这两篇佳作《给自己一些时间》《给自己一些自信》构思精巧，新颖别致，均采用小标题的结构形式，分别使用三个简洁明了的小标题："倾听田野的声音""细嗅花香的四溢""感悟冬雪的静谧"和"花苞·不经风雨""初开·浅笑淡抹""盛开·自信绚烂"。小标题凸显了每个片段的内容，书写了"我"的感悟，文章内容前后关联，过渡自然，一气呵成，很好地揭示了文章的主旨。

小标题的使用让素材获得了更大的自由，从而使文章叙述角度多样、重点突出、文意贯通。

小试牛刀

请你运用小标题的拟题方法，以"爱"为话题写一篇文章。

要求：

①叙写真情实感。

②不少于600字。

③拟定3~4个小标题。

学海拾贝话选材

——谈参赛作文的选材

要义解说

俗话说“巧妇难为无米之炊。”“米”是基础，决定着“巧妇”能否展现她真正的实力。写作文也是一样，没有丰富“素材”这一基础，写起作文来就如同“无米之炊”，再好的“巧妇”也没有办法做出丰盛的菜肴。只有脑里有材料了，才有东西可写，也才有可能写好文章。

现实是，很多学生因为自身经历的局限，在素材的使用上没有新意，出现“撞车”现象：下雨送伞，做作业送温牛奶，公交车上让座，晚上送医院，好朋友转校……在这样的情况下，哪怕作文的其他方面做得很好，也难拿到一个很好的分数。一篇考场作文获得阅卷老师青睐的因素有很多，包含立意、框架、语言、选材等。由此可见，选材在帮助学生参赛作文取得一个高分数中起着重要的作用。

丰富的素材是靠平时积累而来的，但是适合拿来放到作文中的素材一定是从素材库精挑细选出来的。作文之选材就如人生之选择方向一样重要，作文的素材不是有就行，而是要有精选的、适合主题的材料，并且要对素材进行加工提炼、合理组织，文章才能够写好。材料的选择直接影响到一篇作文的分数，只有有新意的选材，才能让文章的思想情感的表达更有深度、有层次。好的选材往往能给阅卷老师带来眼前一亮之感，从而使文章从“千军万马”中脱颖而出。在选材上，初中生必须具有“取其精华，去其糟粕”的能力。

“写什么”即选材，这是写作至关重要的一个环节。材料是文章的血肉，是文章的基石，要表达一种思想，一种感情，就需要材料。当代著名散文家秦牧在谈及写作时这样说道：“选材，对于写好一篇散文是十分重要的。大家都知道，笋尖比笋身好吃，菜心比菜梗好吃；厨房大师傅更是深知‘此中三味’。但是，有些人写起文章来，却忘记了这个道理，不去区别什么是生活材料中的笋尖和笋身，菜心和菜梗；捡到一点有些儿光泽、有些儿意义的事情就写，结果就只能写出很平常的作品。”材料的选择决定文章的质量，我们要善于从众多的材料中精挑细选出那些最能表达文章主旨的素材，运用这样的素材才能写出好文章来。

参赛作文由于篇幅有限,选材时必须去粗取精、去伪存真,选择那些最深刻、最真实、最难忘、最动人的素材来叙写。

经典解读

例一:《散步》

我的母亲虽然高大,然而很瘦,自然不算重;儿子虽然很胖,毕竟幼小,自然也很轻。但我和妻子都是慢慢地,稳稳地,走得很仔细,好像我背上的同她背上的加起来,就是整个世界。

本文选取了生活中产生波澜的普通小事,刻画了一家人散步的动人场面,揭示了一个大主题:传承中华民族尊老爱幼这一传统美德。

例二:《老王》

我回家看着还没动用的那瓶香油和没吃完的鸡蛋,一再追忆老王和我对答的话,捉摸他是否知道我领受他的谢意。我想他是知道的。但不知为什么,每想起老王,总觉得心上不安。因为吃了他的香油和鸡蛋?因为他来表示感谢,我却拿钱去侮辱他?都不是。几年过去了,我渐渐明白:那是一个幸运的人对一个不幸者的愧怍。

本文在选材上也颇具特色,着眼于社会小人物身上,通过展示他们身上的精神品质,进而体现社会真善美,感知小人物大温暖,弘扬社会正能量。

例三:《紫藤萝瀑布》

花和人都会遇到各种各样的不幸,但是生命的长河是无止境的。我抚摸了一下那小小的紫色的花舱,那里满装生命的酒酿,它长满了帆,在这闪光的花的河流上航行。它是万花中的一朵,也正是一朵一朵花,组成了万花灿烂的流动的瀑布。

在这浅紫色的光辉和浅紫色的芳香中,我不觉加快了脚步。

本文选取了生活中的一种植物——紫藤萝,由对紫藤萝的喜爱,上升到对生命的感悟。抒发了作者对美的深度追求,对生命意义的执着拷问,对历史长河的无限感慨。

例四:《走一步,再走一步》

此后,我生命中有很多时刻,面对一个遥不可及的目标,或者一个令人畏惧的情境,当我感到惊慌失措时,我都能够轻松应对——因为我回想起了很久以前悬崖上的那一课。我提醒自己不要看下面遥远的岩石,而是注意相对轻松、容易的第一小步,迈出一小步,再一小步,就这样体会每一步带来的成就感,直到达成了自己的目标。这个时候,再回头看,就会对自己走过的这段漫漫长路感到惊讶和骄傲。

本文在选材上抓住一句引人深思的话去反映一个大主题：人生路上，无论遇到怎样的困难，只要把它分解开来，一步一步战胜小困难，最后就能战胜大困难。

由此可见，作文在选材时可以是一件生活小事，一个微不足道的人物，一种不起眼的动植物，还可以是一句话一段经历，都可以在此基础上进行深刻的立意，展示一个大主题，真正做到以小见大。

策略解密

一、如何选材

“浓绿万枝红一点，动人春色不须多”。写作时，材料的选取并非越多越好，要少而精，选取那些能很好服务于中心的材料，才能为文章增色。如果一味地堆砌材料，反倒使文章显得累赘，不但不加分，反而减分，得不偿失。我们写作时必须明白一点，材料的选择一定是为文章的中心服务的。

选材是有策略和原则要遵循的，在此之前我们首先要判断哪些素材是不能归入素材库的。首先，低俗的、消极的、不符合社会主义核心价值观的素材绝对是“雷区”，绝不能“越雷池半步”！比如，某某靠买彩票一夜暴富，某某为了兄弟间的义气为其报复某人，因为学习任务重就觉得人生太无趣，看到一个坏人就觉得所有人都很阴暗……其次，不熟悉的素材和照搬的素材也不能用。现实阅卷中能看到有少数同学直接用阅读材料里的事件，这种一旦被判为拼凑或抄袭，作文分数绝对会很低。有的同学引用历史典故，但是记错主人公和故事发生的朝代，这种不熟悉的素材也要尽量避免使用。

中心是文章的灵魂，材料是文章的血肉，血肉离不开灵魂的支撑，灵魂也必须依附于血肉，二者紧密相连，同等重要。那么，写作时如何选材呢？我们需要关注以下策略。

1.舍旧取新

很多学生写作容易出现素材雷同、老旧的情况，素材被反复使用就没有新意了，可以采用“旧瓶装新酒”的做法，让老套的素材翻出新意来。所以，想写好一篇文章必须要在素材的新颖上多花些心思。

新颖的素材，紧跟时代步伐，给人以新鲜感；陈旧的素材过于老套，很难翻出新意来，所以我们在选材时一定要推陈出新。让那些新人新事，生活中的“闪光点”成为你作文素材的首选，要特别指出的是：新素材也可以是生活中的平常小事，不一定都是轰轰烈烈的新鲜大事。我们要善于去捕捉生活中的小事，在小事中去挖掘出有价值、有意义的东西来。

比如，一考生写《第一次对母亲说“不”》，叙写了自己第一次拒绝母亲的溺爱，希望成为一个有担当的大人的经历，作者所选取的素材就属于人物的独特经历，是属于他生活中的“闪光点”。

又如，很多同学写项羽都喜欢写他的残暴自私、刚愎自用、善妒多疑等，如果换个思考点，我们就可以写《失误≠失败》，选择项羽轻言放弃的特点来立意，这样就做到了“熟中更新”“旧中出新”。

2. 舍大取小

作文在选材时要“舍大取小”，这样才能做到“一花一世界，一叶一菩提”。这里的“大”指的是：大情感、大道理、大主题。材料过大就会造成一种空洞、泛泛而谈之感，不利于主题的表现，选材大而空、泛而赘，是写作的一大败笔。这里的“小”指：文章选材的角度要小，要细微，比如生活中的一棵小草、一朵浪花、一只蜜蜂都可以成为你写作的好素材。初中生受年龄阅历的局限，很难驾驭大素材；受篇幅的限制，也不适宜运用大素材。舍大取小，从生活中的细小之处落笔，表现大的主题，真正做到以小见大。例如，莫怀戚的《散步》选取的就是生活中再平常不过的小事件，而表现的是“尊老爱幼”这样的大主题。朱自清的《背影》选取的是父亲爬月台买橘子时的一个背影，表现的却是“深沉父爱”这个大主题。宗璞的《紫藤萝瀑布》选取的是生活中紫藤萝花这一小事物，表现的却是“面对人生的变幻无常，要积极乐观地面对”这一大主题。这样的例子还有很多，我们要做的就是向这些名家学习，“从大处着眼，从小处落笔”。

3. 去粗取精

去粗取精这种方法主要用于记叙文、议论文的选材，即选取精要的素材，舍弃粗糙的素材。例如，在写《我和你一起走过》表现“父爱”这个主题时，选择父亲教育“我”要帮助同学，用亲眼所见的老家留守儿童的例子教“我”感恩，促成“我”和邻居小孩成为好朋友等素材，来表现父亲教“我”要有爱心、会感恩、懂宽容，材料没有记流水账，而是从众多的能表现“父爱”这一主题的事件中选取了三个最精彩的，选材做到了既小又精当。再如，一考生的作文《我身边的暗香》，用“我睡着了，她才回来；我起床上学，她却已经去上班了”，刻画了一位早出晚归忙碌的母亲。然而这样一位一趴在桌子上就能睡着的母亲，在平时的生活中却不会少了对我的关怀。总是不忘给我冲一杯奶茶，不忘用便利贴提醒我：洗澡水放好了，换洗的衣服在沙发上，天凉了要开浴霸……这些选材就最能突出母亲对我的关爱，同时也让阅卷老师看到了一个天下母亲的缩影，文章自然感人肺腑。

二、选材原则

1.紧扣主旨

作文时，选取的材料必须跟主旨紧密相关，不能不分主次，胡子眉毛一把抓。

例如：《我的老师》一文，要表达老师对“我”的关爱，呵护“我”成长这一主题。文章可写老师对“我”思想的引领、学习的帮助、生活的关心，不能大写特写老师跟同事间关系如何融洽，老师在家里如何勤劳。这些是老师的可贵品质，但不是老师对“我”的关心与呵护，材料不对题，写出的文章必定失败。所以，我们要选取那些服务主要人物形象、紧扣文章主旨的素材。

2.真实感人

真实是作文的生命线，真实的材料最能拨动读者的心弦，引起读者强烈的情感共鸣。写作的材料必须真实，是亲眼所见、亲耳所闻的。那些凭空捏造、道听途说的素材，编得再“圆满”，也表达不出真情实感，不能引起读者的情感共鸣，更不会打动读者。

例如，一位初中生曾写过一篇文章，记录了他小学、初中、高中、大学四个人生阶段的成长变化。小学、初中都是他经历过的或者是正在经历的，而高中、大学的校园生活却是他还未踏足的，评卷老师一看到这样的文章就能轻而易举判断出这是虚构的素材，分数自然就不会很理想了。不少的同学把写作当成一项凑字数的任务，因此，他们仅仅只是为了考试而进行天马行空地凑字数，选材自然就是胡编乱造，缺少真情实感了。

什么样的材料才算得上是真实的材料呢？难道一定要自己在现实生活中切实经历过的才算是真实的吗？这就需要学生明白：真实分为生活真实和艺术真实。生活真实就是材料完全是我们亲身经历过的，无须艺术加工；艺术真实是以生活真实为基础，通过对生活的艺术加工来抒发感悟。比如《故乡》《变色龙》《植树的牧羊人》中的人物和事件，都是在真实生活上进行了艺术加工，这是作者为了表达思想情感而进行的加工。

怎么做到真实感人呢？这就需要我们捕捉学习中的细枝末节，留意生活中的点点滴滴，并记录下来，写好生活日志，让我们的素材口袋越来越鼓。与此同时，广泛阅读报刊和书籍，从浩瀚的阅读世界中摘取最闪亮耀眼的瑰宝。

3.鲜活典型

写作时，要有敏锐的洞察力，撷取时代的“浪花”；善于发现新事物，抓住热点话题，选择那些鲜活典型的素材，让文章内容牢牢抓住读者。那么，我们如何才能做到如此呢？

首先，我们可以从课本入手。第一是去积累课本中的古诗词和优美句段，并记录自己对所积累的内容的思考。如果在考场作文中能用上，既能节约绞尽脑汁思考的时间，也能取得打动老师的效果。

其次，我们也可以积累一些名人事件、历史典故，在作文中结合所写的生活进行引用，更能让文章富有文采。当然，这类素材肯定不是最鲜活的一类，但运用得当，也会给人一种鲜活贴切之感。

“问渠那得清如许，为有源头活水来。”这就需要我们走出家门、走出教室，在生活中捕捉素材，到大自然中去体验感受。此外，我们还可以借助媒体去关注社会，从网络上去挖掘一些新鲜的素材。

4.新颖别致

“干花不如鲜花美。”选材贵“新”，最忌拾人牙慧，落入俗套。材料积累，以多为佳；材料选择，以精为上，仔细挑选那些最富有表现力的材料来为中心服务。《妈妈的爱》这样的题目，大家都写腻了，无非是“在一个大雨滂沱的深夜，我突然发高烧了，妈妈冒着大雨，踏着泥泞小路送我去医院”。而有一个同学却别开生面，反其道而行之，写在一个寒冷雨夜，妈妈突然生病了，“我”如何把妈妈送进医院，一整夜怎样照顾妈妈，才让妈妈得以快速好起来。这个过程让“我”深切体会到以往“我”多次生病住院，妈妈照顾“我”的辛苦，让“我”真切体会到了妈妈一直对“我”的爱。文章表现的是一个老生常谈的主题——爱，但由于选材的与众不同，构思立意的别样，让人有一种新颖别致之感。

参赛作文选材得当，能让文章如虎添翼。恰当的素材是文章的灵魂，它能够紧扣主题，激发读者的共鸣。选材时，应注重材料的真实性、典型性和生动性，确保文章既有深度又有吸引力。恰当的选材还能够展现作者的独特视角和深刻思考，使文章在众多参赛作品中脱颖而出。

范文引领

暖流，抚摸薄冰

文/何林蔓

风吹过几载，岁月一次又一次轮回，是她们——我的好老师，陪我走过这10年。

杜甫的“随风潜入夜，润物细无声”表述她们贴切；李商隐的“春蚕到死丝方尽，蜡炬成灰泪始干”形容她们贴切；龚自珍的“落红不是无情物，化作春泥更护花”赞扬她们贴切。

种子——水

小学时，她似水，灌溉我心中的种子。

正值秋雨时节，天气变化无常，前一刻还是晴空万里，后一刻就阴云密布。我穿着单薄的T恤，瑟瑟地进入她的办公室。她坐在桌前，低着头备课，青丝散落在她的卷发上。见我进去，她温柔地看着我：“今天这么冷，怎么穿这么点儿？”她略显焦虑而亲切地问候着。话音刚落，她就起身把我拉起：“来我教你跳一种舞步，冷的时候可以暖一下！”说着她穿着高跟鞋就跳了起来，尽管步伐不是很稳，但还是很努力地稳住。她的卷发飘扬，散发着青春的气息，多有活力的老师。

她似水，我似种子，她柔柔地流进我的心田。

嫩芽——光

太阳炙烤着大地，天空一片湛蓝，一阵阵热浪扑面而来，我有些心浮气躁：“这怎么做嘛!学了几十遍都学不会，我不学了！”我坐在角落默默埋怨着，泪水也不争气地往下掉。她走了过来，盘坐在滚烫的地板上，弯下腰，用那关切的眼神望着我：“没事，慢慢来，既然你开始选择了舞蹈，也该知道它有多艰辛，就应有心理准备，坚持下去，不是还有那么多的同学不会，但她们也不曾放弃……”说着，她轻轻把我拉起，拍着我的肩膀，将我挪到位置上，又继续上课。她的话就如一束光将我照亮，渐渐地，我浮躁的心也沉静下来。

她似光，我似嫩芽，她暖暖地照在我的心房。

幼苗——土壤

时钟嘀嘀嗒嗒地转着，我赶不上它那矫健的步伐。临近升学，同学们都紧追慢赶，老师们也是忙得不可开交。后面知识的增多，前面知识的淡忘，我的问题也随之出现。

空中没有一片云，没有一点风，环绕着学校的树一动不动，无精打采地低垂着。看着办公室里满头大汗焦虑的老师们，我想请教问题，但怕她生气也怕她们对我失望。我站在门口徘徊，眼睛不停地瞥向办公室。“有事吗?”“嗯，我想问你一些题……”听到这句话她眼神发光：“不早说！有问题就要多问！”她开始耐心地讲解……我的心舒展开来，有说不尽的愉悦。

她似土壤，我似幼苗，她不停地给我输送养料。

有人把老师比作帆船，指引我们方向；有人把老师比作心灵的工程师，填充我们的内心。可我把老师比作水，滋润我的心田；比作光，温暖我的心房。老师的爱如暖流，浸润我内心的薄冰，老师如土壤，催促我成长。

谢谢你们——我的好老师！

习作点评

这篇文章写“我”人生中遇到的好老师们。作者首先写秋雨时节，“我”瑟瑟发抖，老师用她那舞步让“我”的心感到柔柔的。接着，描写“我”学舞蹈心浮气躁想放弃时，老师对“我”的鼓励，让“我”的心沉静下来，内心因她而暖暖的。此外，作者还写了“我”面对升学的压力手足无措时，老师为“我”耐心讲题的场景。文章选取了三个典型的素材，来塑造“我”所遇到的好老师，颇能打动读者的心。

老师的舞蹈、老师陪“我”坐在滚烫的地板上、老师关注到局促的“我”，这三个事例所选择的素材都具有独特性，给人一种淳朴真实之感。作者笔下的老师对自己的关心的事例既贴近生活，又有一定的个性，这样的选材让人印象深刻，能给读者带来很大的满足感。

小试牛刀

阅读下面的材料，自选角度，以《珍贵的礼物》为题，写一篇文章。

材料：在我小学毕业那年，我邀请了几个好朋友到家里做客。他们都给我带来了小礼物，张瑶送给我一本画册，李秋送给我一本作文书，而冉冉却送给我一个破旧的布娃娃，那是她1岁时她妈妈送给她的礼物，而现在她却送给了我。我觉得这个布娃娃是我最珍贵的礼物。

一枝一叶总关情

——谈参赛作文的细节描写

要义解说

细节描写是通过深入挖掘日常生活中的微小片段和具有代表性的事件，进行详尽而生动的描绘。它采用特写镜头，把事物放大，通过准确、生动、细腻的描绘，为文章的人物形象和主题思想服务。它包括人物的外貌描写、神态描写、动作描写、语言描写、心理描写和自然景物描写等。

叙事具体、生动，是作文的基本要求。如何让所叙之事生动起来？如何让所写之人鲜活起来？那就得学会细节描写。成功的细节描写往往能达到一目传神、一瞬传情的艺术效果，正如人们常说的“于细微处见精神”。细节描写是文章的血肉，没有它，就没有形象的鲜明性、事件的生动性、情感的丰富性。因此，打造闪光的细节描写，就能让文章出彩。

那么，如何去打造细节描写呢？我们通过初中语文教材中的经典篇目去具体感知细节描写的魅力。

经典解读

例一:《范进中举》

范举人先走，屠户和邻居跟在后面。屠户见女婿衣裳后襟滚皱了许多，一路低着头替他扯了几十回。

作者以漫画式的写法，通过胡屠户替女婿扯衣裳后襟这一细节描写，生动形象地刻画了胡屠户在中举后的范进面前唯唯诺诺、前倨后恭、极力讨好的丑恶嘴脸。

例二:《秋天的怀念》

双腿瘫痪后,我的脾气变得暴怒无常。望着望着天上北归的雁阵,我会突然把面前的玻璃砸碎;听着听着李谷一甜美的歌声,我会猛地把手边的东西摔向四周的墙壁。母亲就悄悄地躲出去,在我看不见的地方偷偷地听着我的动静。当一切恢复沉寂,她又悄悄地进来,眼边儿红红的,看着我。

这段文字通过“砸玻璃”“摔东西”两个细节来刻画出“我”的暴躁无比、喜怒无常。通过母亲“悄悄地躲出去”“偷偷地听着我的动静”两个细节极力描写母亲的担忧与悲伤,表现母亲看到儿子饱受折磨,却无能为力、无可无奈的慈母情怀。待儿子平静下来了,母亲又“悄悄地”进屋,“眼边红红的,看着我”,这些细微的神态刻画,展示出母亲此时极度悲苦忧伤的内心。几个简单的细节描写,却有着沉甸甸的母爱分量,读之无不为其动容。

例三:《从百草园到三味书屋》

不必说碧绿的菜畦,光滑的石井栏,高大的皂荚树,紫红的桑椹;也不必说鸣蝉在树叶里长吟,肥胖的黄蜂伏在菜花上,轻捷的叫天子(云雀)忽然从草间直窜向云霄里去了。单是周围的短短的泥墙根一带,就有无限趣味。油蛉在这里低唱,蟋蟀们在这里弹琴。翻开断砖来,有时会遇见蜈蚣;还有斑蝥,倘若用手指按住它的脊梁,便会拍的一声,从后窍喷出一阵烟雾。

作者抓住了景物的形、声、色、味,按照由低到高、由高到低的写作顺序,通过比喻、拟人等修辞的运用,借助一系列极富表现力的动词和形容词,对百草园的景物进行了生动细致的刻画,突出了百草园景物的特点。

例四:《安塞腰鼓》

一捶起来就发狠了,忘情了,没命了!百十个斜背响鼓的后生,如百十块被强震不断击起的石头,狂舞在你的面前。骤雨一样,是急促的鼓点;旋风一样,是飞扬的流苏;乱蛙一样,是蹦跳的脚步;火花一样,是闪射的瞳仁;斗虎一样,是强健的风姿。黄土高原上,爆出一场多么壮阔、多么豪放、多么火烈的舞蹈哇——安塞腰鼓!

此处借助比喻和排比,把黄土高原上腰鼓表演时壮阔、豪放、火烈的场面描写得细致入微、淋漓尽致,让人如闻其声,如临其境。

策略解密

一、细节描写的作用

(1)塑造人物形象,刻画人物性格

①从神态的细节刻画中去感知人物的精神风貌。

②从动作的细节描写中去感知人物的行为和命运。

③从语言的细节描写中体会人物的性格特征。

④从心理的细节刻画中去探寻人物的内心世界。

(2)创设典型环境,体现时代特点

如契诃夫《变色龙》开头对广场社会环境的描写,形象地反映了沙皇统治下社会经济萧条的景象。

(3)推动情节发展,深化作品主题

如《范进中举》写道:(范进)散着头发,满脸污泥,鞋都跑掉了一只,兀自拍着掌,口里叫道:"中了! 中了!"54岁的范进考取功名时的这一幕令人心酸,折射出封建社会知识分子饱受科举制度毒害的深重。

(4)增添生活气息,表现乡土特色

如鲁迅《社戏》中"偷罗汉豆"的细节:

"阿阿,阿发,这边是你家的,这边是老六一家的,我们偷那一边的呢?"双喜先跳下去了,在岸上说。

我们也都跳上岸。阿发一面跳,一面说道,"且慢,让我来看一看罢。"他于是往来的摸了一回,直起身来说道,"偷我们的罢,我们的大得多呢。"一声答应,大家便散开在阿发家的豆田里,各摘了一大捧,抛入船舱中。双喜以为再多偷,倘给阿发的娘知道是要哭骂的,于是各人便到六一公公的田里又各偷了一大捧。

《社戏》中的偷豆这一场景细节,不仅展示了孩子们的天真活泼和深厚友谊,更体现了他们和六一公公的淳朴善良,让我们看到了人性中的真善美,这正是我们在逐渐遗忘的东西。通过这一细节,我们应重新审视自己,恪守那份初心和善良,让我们的生活更美好。

二、细节描写的方法

1.动词传神法

王安石“春风又绿江南岸”中的“绿”字，贾岛“僧敲月下门”中的“敲”字，宋祁“红杏枝头春意闹”中“闹”字，自古以来都是人们津津乐道的。选用准确精妙的动词，能使文章的表达生动形象且极富表现力。

如《孔乙己》中两个动词的准确运用：

“（孔乙己）便排出九文大钱。”“他从破衣袋里摸出四文大钱……”

“排”字把孔乙己极力掩饰自己的穷酸样，想要显摆、炫耀的神色描绘得淋漓尽致。“摸”字又把孔乙己被打断腿后贫困不堪的艰难生活场景展示给大众。一“排”一“摸”，这两个动作细节把人物形象刻画得十分逼真。

再如《范进中举》中：

屠户把银子攥在手里紧紧的，把拳头舒过来，道：“这个，你且收着。我原是贺你的，怎好又拿了回去？”范进道：“眼见得我这里还有这几两银子，若用完了，再来问老爹讨来用。”屠户连忙把拳头缩了回去，往腰里揣。

“攥”“舒”“缩”“揣”这四个动词，形象地表现了胡屠户爱财如命、虚情假意的嘴脸，极具讽刺性。

2.精雕细刻法

又称为工笔，它是绘画中一种技法，以工整细密的笔法来再现物象的各个细微之处。在文学创作中指对描写对象进行细腻、准确的刻画，从而达到最理想的表达效果。

如朱自清《背影》中，作者对父亲为儿子买橘子这个背影进行了细腻的刻画：

我看见他戴着黑布小帽，穿着黑布大马褂，深青布棉袍，蹒跚地走到铁道边，慢慢探身下去，尚不大难。可是他穿过铁道，要爬上那边月台，就不容易了。他用两手攀着上面，两脚再向上缩；他肥胖的身子向左微倾，显出努力的样子，这时我看见他的背影，我的泪很快地流下来了。

作者细致入微地描绘了父亲买橘子的全过程，给人留下难以磨灭的印象。“探”“爬”攀”“缩”四个传神动词的运用，揭示了父亲的舐犊深情，有力地凸显了文章的中心。

3.疏笔勾勒法

这是中国绘画的传统技法之一，只用线条勾勒，不着颜色，常用于花卉画和人物画。写作中，称为白描，即不用华丽的辞藻修饰，不用精雕细刻的语言进行层层渲染，只需抓住事物的特征进行勾勒，从而表达作者的情感。

如《孔乙己》中对孔乙己的刻画：

孔乙己是站着喝酒而穿长衫的唯一的人。他身材很高大；青白脸色，皱纹间时常夹些伤痕；一部乱蓬蓬的花白的胡子。穿的虽然是长衫，可是又脏又破，似乎十多年没有补，也没有洗。他对人说话，总是满口之乎者也，教人半懂不懂的。

在这段描写中，形容词极为省俭，没有复杂的修饰和细致的刻画，只是简笔勾勒孔乙己与众不同之处，就让一个自命清高而又穷酸潦倒、迂腐不堪而又懒惰无比的老书生形象跃然纸上，这就是白描的神奇功力。运用这一方法应注意抓住特征，叙描结合，简笔勾勒，洗练传神。

4.道具贯穿法

就是文章前后连续多次出现某细节的写法。如《变色龙》中奥楚蔑洛夫身上穿的那件大衣，就是作者精心选取的道具。小说描写了四次，把这个沙皇走狗耀武扬威、欺下媚上、畏强凌弱的性格特征刻画得十分深刻。这里的细节描写深刻地揭示了文章内涵。

5.造型渲染法

就是对所描写的对象给出一定造型的方法。

如《七根火柴》中这样描绘道：

“同志，你看着……”那同志向卢进勇招招手，等他凑近了，便伸开一个僵直的手指，小心翼翼地一根根拨弄着火柴，口里小声数着：“一，二，三，四……”

只见他合起党证，双手捧起了它，像擎着一只贮满水的碗一样，小心地放到卢进勇的手里，紧紧地把它连手握在一起，两眼直直地盯着他的脸。

“记住，这，这是，大家的！”他蓦地抽回手去，深深地吸了一口气，用尽所有的力气举起手来，直指着正北方向……

这里，数火柴与交党证时的特定姿势，因其造型的魅力而深深地印在读者的心间。

6.悬念释疑法

就是对典型细节不平铺直叙，善用曲笔层层铺垫，不断设置悬念。

如《儒林外史》中对严监生临死前的描写：

严监生喉咙里痰响得一进一出，一声不倒一声的，总不得断气，还把手从被单里拿出来，伸着两个指头。大侄子走上前来问道：“二叔，你莫不是还有两个亲人不曾见面?”他就把头摇了两三摇。二侄子走上前来问道：“二叔，莫不是还有两笔银子在那里，不曾吩咐明白?”他把两眼睁的的溜圆，把头又狠狠摇了几摇，越发指得紧了。奶妈抱着哥子插口道：“老爷想是因两位舅爷不在跟前，故此记念?”他听了这话，把眼闭着摇头，那手只是指着不动。赵氏慌忙揩揩眼泪，走近上前道：“爷，别人都说的不相干，只有我晓得你的意思！你是为那灯盏里点的是两茎灯草，不放心，恐费了油。我如今挑掉一茎就是了。”说罢，忙走去挑掉一茎。众人看严监生时，点一点头，把手垂下，登时就没了气。

作者精心构思了这一细节，通过两个侄子和奶妈的种种错误猜测，直到最后才让妻子猜对了。给读者以深刻印象，让严监生这一守财奴形象跃然纸上。如果这段描写，直接写成严监生伸出两个指头，妻子立马就明白他的意思，一点悬念都没有，文章的韵味也就没有了。

7.修辞增色法

巧妙运用比喻、拟人、夸张、反复等修辞手法，化抽象为具体，化无形为有形，可以增强语言的生动性和气势。

如《药》中的一段描写：

老栓也向那边看，却只见一堆人的后背；颈项都伸得很长，仿佛许多鸭，被无形的手捏住了的，向上提着。静了一会，似乎有点声音，便又动摇起来，轰的一声，都向后退；一直散到老栓立着的地方，几乎将他挤倒了。

这段文字写革命者夏瑜被杀，把围观的人群比作一群“鸭”，一个比喻句，生动形象地刻画出了国民的愚昧、麻木，表达了作者强烈的愤懑之情。

8.感官结合法

写作时，要使描写生动形象，在观察事物过程中充分调动各种器官，对事物作出细致地观察，进行细腻地描摹，把人、景、物写活。

如《社戏》一文中的描写：

两岸的豆麦和河底的水草所发散出来的清香，夹杂在水气中扑面的吹来；月色便朦胧在这水气里。淡黑的起伏的连山，仿佛是踊跃的铁的兽脊似的，都远远地向船尾跑去了，但我却还以为船慢……

那声音大概是横笛，宛转，悠扬，使我的心也沉静，然而又自失起来，觉得要和他弥散在含着豆麦蕴藻之香的夜气里。

这段景物描写，作者调动嗅觉、触觉、视觉、听觉等多种感观，细致生动地写出了月夜行船时看到的美丽的江南水乡夜景，烘托了作者看社戏的急切心情。

细节描写的方法还有很多。具体描写的时候，要注意细节描写的真实性。细节要准确可信，经得起推敲；要注意精心选择，巧妙安排，具有典型意义；要有明确的目的，要服从人物刻画和主题表达的需要。

范文引领

雨，让生活充满诗意

文/宋海瑛

淅沥沥，天空朦胧，雨又悄悄落下来，滴在泛黄的纸页上，落在衣角上，掉在手心里……

“随风潜入夜，润物细无声。”

春，雨之细腻。几片乌云聚拢，雨便落下，丝丝寒意还未完全褪去，湖畔的垂柳便迫不及待地梳洗自己的长发，路边那些不知名的野草野花也都展露笑脸。雨在绿如翡翠的湖面上荡起一圈圈波纹，那些个小孩子踏着水洼跑来，手里拿着竹蜻蜓，“飞起来了！”水花在空中飞溅，洒在孩子们的脸上，他们天真稚嫩的话语如同这春雨般温柔可爱。微风拂动，细如牛毛的春雨吹向远方，吹向远方的润物细无声……

“溪云初起日沉阁，山雨欲来风满楼。”

夏，雨之热烈。漫步在老街旧巷，烈风当头，酷暑难耐，只好偷一缕清风藏在旧巷里。不一会儿，那洁白如絮的云朵儿被打倒的墨水瓶染上了色，雨说来就来，毫无征兆。屋檐的雨接连不断地下落，形成珠帘，只有那滚动在荷叶上的“珍珠”焦躁不安。雨在路面上跳跃，像芭蕾舞者优雅又充满热情。雨继续下着，青石板上又积了一层苔藓，操场又被染成深色，莘莘学子仍在追梦路上……

“君问归期未有期，巴山夜雨涨秋池。”

秋，雨之冰冷。秋天的雨多了几分情调，氤氲的桂花香，还有入冬前的寒凉。秋雨把漫山遍野的枫叶都晕染成红色，红得艳丽，红得可爱，正应了那句“停车坐爱枫林晚，霜叶红于二月花”。连同天边的云彩也染成了橘红。秋雨是魔术师，把大地上的累累硕果变成农民伯伯脸上的喜悦。那是秋雨，冰冷又温情的秋雨。

“江南殊气候，冬雨作春寒。”

冬，雨之寂静。都赞美春雨的温柔，夏雨的狂热，秋雨的收获，却不曾想冬雨最为寂静。不像北方的雪落地无声，南方的雨却掷地有声，这正是在为来年春天蓄势待发。若说秋雨菊花飘香，那冬雨则是蜡梅芬芳。正谓“墙角数枝梅，凌寒独自开。”

余秋雨说过，窗外的雨，让心驻足了诗。雨声“滴答滴答”，雨虽不识字，却又像一位诗人，让生活处处充满诗意。

抬头望远山迷雾笼罩，书香在雨中沉淀。山越来越青，天越来越蓝，思绪在滴答的雨声中飘向远方……

习作点评

本文注重作文形式的安排，运用四个段首句："春，雨之细腻""夏，雨之热烈""秋，雨之冰冷""冬，雨之寂静"。同时每部分还用诗词来引领，让文章结构清晰，一目了然。其实，本文的环境描写和细节描写也是一大亮点，如"几片乌云聚拢，雨便落下，丝丝寒意还未完全褪去，湖畔的垂柳便迫不及待地梳洗自己的长发，路边那些不知名的野草野花也都展露笑脸。雨在绿如翡翠的湖面上荡起一圈圈波纹"。

小试牛刀

请以《开在记忆里的花朵》为题，写一篇文章。

要求：

①立意自定。

②除诗歌外，文体不限。

③不少于600字。

④文中不得出现真实的人名、校名、地名。

霜叶红于二月花

——谈参赛作文的铺垫渲染技巧

要义解说

何谓“铺垫”？它是为引出主要人物或故事高潮，通过细致描写和渲染来衬托主要情节的一种艺术手法。其特点是为主要情节蓄积酝酿的过程。其作用是主要情节的基石，为关键剧情的发展、关键人物的出场或主要事件的发生做准备，以达到反衬和烘托的作用，能增加情节张力，制造悬念，使情节具有合理性。它的全部奥妙都在“垫”和“衬”上，是对行将来临的人物或事物的衬托。

何谓“渲染”？它指的是作者通过细腻地描述人物的容貌、行为、心理、言辞，以及事件、环境、景物等多方面细节，增强表现力，使人物或事件的本质特征更加鲜明，从而深化主题的一种表达手法。

经典解读

例一:《鲁提辖拳打镇关西》

这一回着重描写鲁提辖是如何三拳打死镇关西的，文章对这三拳进行了充分的渲染，运用生动形象的比喻，给读者留下了深刻的印象。第一拳头:打鼻子，打得“鲜血迸流，鼻子歪在半边，却似开了个油酱铺:咸的、酸的、辣的，一发都滚出来。”第二拳:打眼眶眉梢，“打得眼睖缝裂、乌珠迸出，也似开了个彩帛铺:红的、黑的、绛的，都绽将出来。”第三拳，正着太阳穴上，“却似做了一个全堂水陆的道场:盘儿、钹儿、铙儿，一齐响。”

文章调动多种感官，分别从视觉、听觉、味觉等方面作了充分的渲染，把鲁智深伸张正义、惩害除恶时的痛快劲儿表现得淋漓尽致。

例二:《背影》

朱自清下笔就点题“我与父亲不相见已二年余了,我最不能忘记的是他的背影”,可文章并没有立即就去写背影,而是宕开笔墨,去反复渲染父子深情:在祖母去世和丢了差事的逆境中,父亲还安慰儿子;接着,写父亲事忙,已叫人陪“我”,可仍不放心,坚持亲自送“我”;最后写上车时,不必嘱咐的话,父亲都嘱咐了,托人照应是白托,但他还是要托。这三次叙写父子深情,就是三层铺垫。这三层铺垫把感情积累得浓郁而饱满,下文着力刻画父亲为“我”买橘子的背影就水到渠成,感人泣下。

例三:《松树的风格》

陶铸在前几段就用大量文字对松树的形象进行浓墨重彩的描绘,赞美它“要求于人的甚少,给予人的甚多”,又用杨柳、桃李同松树作对比,进一步补充说明松树“给人以启发、以深思和勇气”,文章直到第九段才点明题旨:“我每次看到松树,想到它那种崇高的风格的时候,就联想到共产主义风格。”前面对松树的所有描绘和赞美都是在铺垫蓄势,为后面赞美共产主义风格这一主旨做准备的。

策略解密

一、铺垫的作用

1.渲染气氛

铺垫能很好地渲染各种气氛,充实内容,丰富情节。

2.制造悬念

铺垫使读者产生期待、盼望的迫切心情,增加作品的吸引力和感染力。

3.情节的基石

铺垫可以通过动作、情态等来展现故事,为关键剧情的发展,关键人物的出场或主要事件的发生做准备,为高潮到来铺下基石,增加情节张力,推动情节的发展。

4.暗示作用

铺垫是人物活动的舞台,对人物命运有暗示作用。

5.构成前后照应

铺垫使作品针线细密,让情节发展既在意料之外,又在情理之中。

二、常见铺垫形式

1.衬托式

即用次要情节去衬托主要情节。

例如:《老残游记》“第二回 历山山下古帝遗踪 明湖湖边美人绝调”中,本身是要表现白妞出神入化的说书艺术,可文章下笔却去写戏园子里听众爆满,人们都来听说书,只字不提白妞;紧接着又去写琴师演奏技艺的高超和黑妞说书技艺的精妙绝伦,最后在人们叹为观止的时候,王小玉才闪亮登场。她的演唱折服了所有的观众,比黑妞更胜一筹。作者这样安排,如同拾级而上,步步登高,从而达到巅峰,突出了重点,展示了主题。

2.背景式

即解释故事由何而生或呈现特定的背景情境。

例如:《皇帝的新装》一文,第一段极力描写皇帝对新衣服的热爱和痴迷,这是骗子行骗得以成功,皇帝光着身子举行游行大典的原因,为下文故事的发展作了铺垫。

3.反差式

在文学创作中,反差式铺垫常常用于设计一系列看似合乎逻辑的事件或情境,以营造一种预期的叙事氛围,然后通过出乎意料的转弯,打破这种预期,形成戏剧性的对比和冲突。

例如:《我的叔叔于勒》一文,开篇极力描述我们一家如何日夜盼望发了财的于勒回来,逢人便把于勒的书信拿出来炫耀,还一个劲儿地夸于勒是一个有本事、有良心的人。接着笔锋一转,写我们在船上意外遇见了正在靠卖牡蛎为生的于勒,全家像躲瘟疫似的逃离。这样,前面的铺垫与后面的情节形成巨大的反差,情节跌宕,耐人寻味。

三、铺垫注意事项

1.自然合理

铺垫的内容与文章的中心事件要无缝衔接,表达要合乎逻辑。

2.与文章主旨一致

铺垫的内容要能真正为中心事件、人物形象和主题服务。

3.避免主次颠倒

铺垫过多,很容易出现头重脚轻的现象,还没切入正题,文章的字数和写作时间都所剩无几。这样的铺垫,不但没给文章增分,反倒减分了,得不偿失。

4.前后照应

铺垫是为主要情节服务的,必须在主要情节中得到照应。正如契诃夫所说:“如果第一幕里您在墙上挂了一管枪,那么在最后一幕里就得开枪。要不然就不必把它挂在那儿。”

四、铺垫和伏笔的区别

①从目的上看,铺垫是为表现主要人物或事件蓄势,伏笔是为下文作暗示。

②从位置上看,铺垫一般在文章开头,伏笔常见于文章中间。

③从形态上看,铺垫是“显性”的,对次要人物或事件作浓墨重彩的描述;伏笔是“隐性”的,往往一笔带过。

五、渲染的适用范围

1.外貌描写

如果人物的外貌对刻画人物性格关系密切,就必须要对人物的外貌加以渲染。

例如,《林黛玉进贾府》中有这样一段对林黛玉的描写:

两弯似蹙非蹙罥烟眉,一双似泣非泣含露目。态生两靥之愁,娇袭一身之病。泪光点点,娇喘微微。闲静时如姣花照水,行动处似弱柳扶风。心较比干多一窍,病如西子胜三分。

这段文字用林黛玉的外貌来暗示人物性格:体弱与细心、多虑与自尊。作者抓住这一主要特征极力铺陈,给人留下鲜明印象。

2.环境描写

环境描写本身就有渲染气氛,烘托人物心情,为下文内容做铺垫的作用,因此,我们常用环境描写来渲染某种气氛。

例如,《故乡》一文的开头这样写道:

时候既然是深冬;渐近故乡时,天气又阴晦了,冷风吹进船舱中,呜呜的响,从篷隙向外一望,苍黄的天底下,远近横着几个萧索的荒村,没有一些活气。我的心禁不住悲凉起来了。

这是一幅故乡冬景画,展示了故事的特定环境,对人物的心理和作品的主题,都起着有力的渲染作用,使人深受感染并留下鲜明的印象。

3.事件和场面刻画

在描绘人物、时间和场景时,需要运用渲染的表现手法。我们应当从多个角度着手,灵活运用各种表现技巧和修辞手法,以达到最佳的渲染效果。

例如,《老残游记》中这样写道:

那王小玉唱到极高的三四叠后,陡然一落,又极力骋其千回百折的精神,如一条飞蛇在黄山三十六峰半中腰里盘旋穿插,顷刻之间,周匝数遍。从此以后,愈唱愈低,愈低愈细,那声音渐渐的就听不见了。满园子的人都屏气凝神,不敢少动。约有两三分钟之久,仿佛有一点声音从地底下发出。这一出之后,忽又扬起,像放那东洋烟火,一个弹子上天,随化作千百道五色火光,纵横散乱。这一声飞起,即有无限声音俱来并发。那弹弦子的亦全用轮指,忽大忽小,同他那声音相和相合,有如花坞春晓,好鸟乱鸣。耳朵忙不过来,不晓得听那一声的为是。正在撩乱之际,忽听霍然一声,人弦俱寂。这时台下叫好之声,轰然雷动。

这段文字基本上是用工笔细描的写法,有直接描绘声音的,有描写听众反应的,有比喻、夸张、通感等修辞的运用,充分展示王小玉高超的说唱艺术。

六、渲染的方法

1.景物渲染法

这是最常用的一种渲染方法,即抓住景物的特点着力描绘,来渲染气氛,衬托人物心情,起到引人入胜的作用。

如《紫藤萝瀑布》:从未有见过开得这样盛的藤萝,只见一片辉煌的淡紫色,像一条瀑布,从空中垂下,不见其发端,也不见其终极。只是深深浅浅的紫,仿佛在流动,在欢笑,在不停地生长……有的就是这一树闪光的、盛开的藤萝。花朵儿一串挨着一串,一朵接着一朵,彼此推着挤着,好不活泼热闹!

2.人物场面渲染法

这是通过着力描绘场面中人物的外貌、某种行为、某个细节,来刻画人物性格特征,渲染某种气氛。

如《芦花荡》:撑船的是一个将近六十岁的老头子,船是一只尖尖的小船。老头子只穿一件蓝色的破旧短裤,站在船尾巴上,手里拿着一根竹篙。老头子浑身没有多少肉,干瘦得像老了的鱼鹰。可是那晒得干黑的脸,短短的花白胡子却特别精神,那一对深陷的眼睛却特别明亮。

3.情节渲染法

就是通过细节描写，以情节的紧凑、动作的迅捷、时间的短暂来表现紧张的气氛；以情节的舒缓、动作的轻柔、时间的缓慢来营造轻松闲适的氛围；以情节的缓慢、动作的沉重、时间的停滞来营造压抑、沉重悲伤的氛围；等等。

4.情感层叠法

在文中用情感反复层叠来营造气氛，达到突出主题的目的。

比如《黄河颂》，多个诗节都以“啊！黄河！”领起，反复出现，既渲染出诗人热爱黄河、歌颂黄河的激情，又突出了诗歌的主题。

5.时间渲染法

以时间为线索，通过时间的分秒变化，来呈现故事情节的发展，营造紧张、焦急的氛围。

掌握上述的渲染方法，在阅读和写作中就能游刃有余。

七、渲染注意事项

1.目的要明确

渲染就是为人物或情节的发展服务，为说明的事物或对象服务，为正文服务，最终为主题服务。

2.分寸要注意

防止渲染过度，以至臃肿堆砌，影响主题的表达。

八、渲染的效果

①能够营造某种气氛，让人身临其境，产生情感共鸣。

②能够细腻地刻画人物，生动地表现人物的心理、情绪、感受和情感，能够突出人物形象，表现人物性格、命运和思想感情。

③能够增强文章的感染力，使文章呈现情文并茂的特点。

范文引领

传家福照

文/刘佳雨

夜，披着薄雾，悄然来临。弯月昏晕，星光稀疏，陈毅清看着照片，伏在案上，想着白天发生的事……

刚从沙口乡考察回来，陈毅清大步流星跨入办公室，准备部署下一步计划。这时，一张熟悉的面孔映入他的眼帘。"陈县长，是我，谢倚弘!"谢倚弘堵在门口，朝陈毅清挥了挥手。恍惚间，陈毅清仿佛看到了自己的父亲。顾不上寒暄，陈毅清忙说道："文件放我桌上，我有要事处理!"两小时后，讨论完沙口乡盐碱地的治理，陈毅清发现谢倚弘还在那候着，就让他进了办公室。

陈毅清抿了口茶，接过文件，翻了起来。谢倚弘在一旁坐立不安，凑到陈毅清身旁，小声说道："陈县长，这次麻烦您了，环山镇的项目开发，利润可不少，事成后，咱俩三七分。"陈毅清听后严肃起来："对全县人民有利的，我才签字，你这项目要是对环山镇有益就批准，我也不收取任何红利。"听到这话，谢倚弘心里打起了鼓，一遍遍地搓着已被汗液浸湿的手，等着陈毅清的答复。忽地，陈毅清发现项目的碳排放超标，正准备驳回，抬头一看见谢倚弘，话像泥鳅般滑进了肚，只得说道："你先回去吧，等我考虑好了通知你。"谢倚弘心里说不出有多高兴，脚底像生了风，走得又快又有劲儿，陈毅清望着他的背影，又想到了父亲。

父亲陈耿是村里的干部，二十年前，县里发生饥荒，陈耿披星戴月，在外奔波。那三个月，陈毅清连父亲的一面也没见到，牵挂父亲时，他只得拿着全家福一遍遍地看。

一个雨夜，陈毅清得到消息，父亲胃病又犯了，他冒雨急冲冲赶到乡里，望着窗外，滂沱大雨像开了闸似的泻下来，父亲小声地呻吟着，手头的药也吃完了！陈毅清犯了难，眼泪似断了线的珠子往下掉。霎时间，谢倚弘蹿出来，将父亲陈耿放到拖拉机上，开着拖拉机往医院赶。雨势越来越大，竟是升起了一股水雾，夜色昏沉，视线受阻，山路泥泞崎岖，谢倚弘仍没有放弃的意思，到了后半夜，才将陈耿拉到了县里。陈毅清看着浑身湿透、脸颊泛紫、嘴唇苍白的谢倚弘，止不住地道谢。这得多亏谢倚弘的拖拉机，才把陈耿从鬼门关拉了回来。

一年后，父亲陈耿还是走了。得了胃癌的他，死前拉着陈毅清的手，心里仿佛被无形的大石压住，嘴唇不停地颤抖，竭尽全力说出“照片”两字，合眼走了。这下，全家福不仅是祖父留给父亲的遗物，也成了父亲陈耿留给陈毅清的遗物。

傍晚，陈毅清倚坐在书房的桌案旁，望着全家福出了神，父亲的身影若隐若现，手里的笔也颤抖着迟迟落不下去。他思考着，谢倚弘是父亲的救命恩人，这点忙他是能够帮得上，可父亲的谆谆教诲，家风的熏陶，党员的责任，无一不在提醒着他这样做的危害性。陈毅清的两股思绪在脑中斗争着，他只得暂时放下笔，想要放松一下心情，伸手去拿茶杯，恍惚间，茶水洒在了书桌上。陈毅清慌忙地清理茶渍，手肘碰到了全家福，“哐当！”相框掉在地上，玻璃摔得粉碎，泛黄的照片显露出来。陈毅清一边内疚地指责自己，一边弯下腰伸手去捡。他依稀看见照片背后有几行字迹，上面写着：“小耿，你现在当了村干部，我把从毛主席那儿学到的三原则告诉你，‘恋亲不为亲徇私，念旧不为旧谋利，济亲不为亲撑腰’。你可要谨记啊！”陈毅清双手捧着照片，眼角泛出泪花，哽咽着：“爸，原来，原来你走前想告诉我家风……”薄雾悄然散去，皎洁的月光洒在桌案上，这次，他坚定地放下笔，不再纠结于公事和私情，只把优良家风铭记于心，并决心将家风传承下去。

第二日，谢倚弘来到办公室，看到一脸严肃的陈毅清，心提到了嗓子眼上。没等他开口，陈毅清讲道：“环山镇这个项目你放弃吧！”谢倚弘陪笑着，不停地搓着手，开口说：“陈县长，你可别当了官翻脸不认人啊，我可记得当年我救了你父亲，你可是承诺‘若能报恩，万死不辞’的，您是贵人多忘事吧？”陈毅清听着这话，心立马揪了一下，不知如何答复，霎时间，“恋亲不为亲徇私，念旧不为旧谋利，济亲不为亲撑腰”的家风充斥在他的脑海里。陈毅清清了清喉咙，正身说道：“正是因为父亲的谆谆教诲，这个忙我更不能帮。”谢倚弘眼看着事情要泡汤，急红了眼，尖声说：“亏你还是个县长，这点忙都帮不上，当了县长又有何用？”一听这话，陈毅清拍案而起，怒斥道：“县长是为人民谋利的，不是为了给自己和私人谋利。你记住，干事业要干对人民有益的事业，千万别为了私利损害集体的利益啊！”看着愤慨的陈毅清，想着自己的那份文件，谢倚弘脸涨得通红，低着头承认自己的错误，抓起文件，垂头丧气地走了。“愿他能改过自新，为人民办实事吧！”陈毅清想着。

夜色渐浓，陈毅清一身轻松地推开家门，儿子陈淳林正在收拾行囊。“明日就走吗？”陈毅清问道。“是啊，天不亮就得动身，山路难行，要花上一整日。”看着躬身收拾的陈淳林，陈毅清不禁想起不久前，儿子和自己谈到，他拒绝了上市公司张总的请求——邀请儿子到公司当经理后，那张总私底下又找到陈淳林，陈淳林想着祖辈家风的教诲，婉拒了他，并坚持要去乡村支教，发挥自身的最大价值。陈毅清教导他说：“你去山村支教，可要学习老一辈的精神。”“保证完成任务！”儿子陈淳林笑着调侃道。陈毅清回到书房，看着重新裱起来的全家福，他感慨万千，从抽屉里抽出自己和儿子的照片，在背后写道：淳林，你可要传承陈氏家风——“恋亲不为亲徇私，念旧不为旧谋利，济亲不为亲撑腰”。

天蒙蒙亮，陈毅清被陈淳林吵醒了，他将新裱的照片塞进陈淳林的背包里，说道："想家时拿出来看看，打开自有玄机。"陈淳林朝他一笑，踏着朝阳向远方走去。

习作点评

本文下笔就用环境来渲染："夜，披着薄雾，悄然来临。弯月昏晕，星光稀疏。"给人营造一种宁静安详的气氛，也为下文谢倚弘的出场做好铺垫。谢倚弘出场时，"恍惚间，陈毅清仿佛看到了自己的父亲"。这一句，为下文埋下了伏笔，说明谢倚弘和陈毅清的父亲之间有故事发生。另外，本文还多次提到家训："恋亲不为亲徇私，念旧不为旧谋利，济亲不为亲撑腰"，很好地诠释了文章的主题——传承中华好家风。

小试牛刀

请以"家乡的那棵古树"为题，写一篇记叙文。

要求：

①叙写真情实感，不少于600字。

②运用铺垫和渲染的表现手法。

③文中不得出现真实的人名、地名、校名等。

精雕细琢出华章

——谈参赛作文的修改润色

要义解说

文章不厌千回改，反复推敲佳句来。说的就是要重视文章的修改润色。那么何为修改润色呢?

修改，即对个人所撰写的文本进行调整、增补及美化，这一过程旨在自我完善作品。修改是在兼顾“言辞”和“立意”的基础上对文章进行改动。词不达意、语句不连贯要从“言辞”上修改，内容肤浅、观点牵强要从“立意”上修订。修改是写作过程中不可或缺的环节，也是提升写作水平的重要实践方式。

润色，是指对已经完成的作文加以修饰、进行改进，使之结构更完美、语言更出色。“润色”一词语出《论语·宪问》:“东里子产润色之。”朱熹注:“润色，谓加之以文采也。”是对文章(稿件)进行修饰加工的意思。它可以用于修饰文学作品、艺术品、设计作品等，使之更加精致、优美，更符合作者或设计者的意图。

好文章不是“写”出来的，而是“改”出来的。鲁迅的散文《藤野先生》全文不足四千字，改动却多达几十处。宋代王安石一句“春风又绿江南岸”中的“绿”字改了多次。曹雪芹“批阅十载，增删五次”才成就了四大名著之一《红楼梦》。可见，好的作品是写出来的，更是改出来的。

经典解读

王安石《泊船瓜洲》中的名句“春风又绿江南岸”中的“绿”字，传说王安石为这个字改动了十多次。最初写的是“到”，后又改为“入”“过”等多个动词，最后确定为“绿”。“到”

“过”等字只能表达春风到来的意思，不能表现春天来到后江南一派绿色的景象。“绿”字是吹绿的意思，是使动用法，用得绝妙。它更能展现春风吹过，江南一下子变绿的神奇景象。“绿”字更能表现春风的来无影、去无踪，很好地传达出作者对前途充满信心的情感。

策略解密

孔子有言：“言之无文，行而不远。”只有将“言”和“意”结合起来，才能有效地对文章进行修饰。文章需要讲究文采与美感，没有这些元素的作品很难被广泛传播。

如何使我们的作文神采飞扬，富有感染力呢？

1.巧用词语

要做到“生动”，就必须多选用富有形象感的动词、形容词、拟声词、叹词、叠词等，使自己的语言生动活泼起来。

修改下面的句子，使其具体形象。

原句：考出这样的成绩，我如何面对老师，如何面对我自己，更不知如何面对含辛茹苦的爸爸妈妈。

修改后：考出这样的成绩，我如何面对老师，如何面对我自己，更不知如何面对我那脸朝黄土背朝天、起早贪黑在田间辛苦劳作挣钱来供我上学而又日渐衰老的爸爸妈妈！

2.善用修辞

巧妙运用修辞，能增强语言的表现力和感染力，让语言富有文采，常用的修辞是比喻和排比。

（1）比喻

比喻是让抽象的事物具体化，使之更生动形象。《理性的美》一文在说理时就运用了大量生动贴切的比喻，将难懂的“理”生动化、浅显化、通俗化，让人一目了然。例如：

感情如水，理性如冰，八分之一的冰块浮动在水上显现着庄重和威严，一任冰下蓝色的水漂荡，不减半点高雅，这是理性的美。

人非草木，岂能无情？但情感如佳期如迷梦，如朦胧的月光一样虚幻地笼罩在你的思绪中，虽然美，但是纵使你有洞明一切的雪亮智慧的双眼也难在情感的月光下一任目光驰骋鸟瞰。而理性，则是明艳的阳光，它慷慨地洒向宇宙空间，哪怕是枝叶繁生的丛林，哪怕是污浊游荡的大海，哪怕是遥远的孤独的星球，都可以让你一睹宇宙的本色。阳光下的美是真实的。

(2)排比

排比能加强语气,增强文章的气势,使语言更具表现力。《在心田上放牧》一文有一段就大量运用了排比。例如:太阳选择了白天,便慷慨地给大地一片阳光;月亮选择了夜空,就从容地撒下银辉;小路选择了前方,便延伸成一条康庄大道;跋涉者既然选择了征程,那么一定会风雨兼程……

这段文字通过大量运用排比修辞,将一系列选择都是爱的执着这一主题充分表达出来了。

3.激情铺排

铺排是将一系列紧密相连的景观物象、事件现象、人物形象和性格行为,按照特定顺序组合成一组结构相似、语气一致的句子群。这种手法既可以细腻地展现细节,也可以一气呵成以增强语势,或用来渲染特定的环境、氛围和情感。

例如《感动》一文就运用了铺排来激情渲染:我曾被"帘卷西风,人比黄花瘦"的相思所感动,我也曾被"相见无言,唯有泪千行"的真情所感动;我曾被梁祝化蝶的痴情所感动,也曾为王宝钏苦守寒窑十八年的执着所感动;我曾被苏州五义士舍生取义的从容所感动,也曾被荆轲易水诀别的悲壮所感动;我曾被《阳关三叠》那充满离愁的琴音所感动,也曾被《楚辞》那无奈的凄凉所感动。

4.嵌入诗句

在文章恰当的位置准确地嵌入诗词是增加作品文采的一种有效途径。

在《谈论寂寞》一文中,学生巧妙引用诗词,形象地阐释了寂寞的深刻内涵,增加了文章的厚度与文采。

例如:寂寞是陶渊明"悠然见南山"的悠闲;寂寞是屈原"路漫漫其修远兮,吾将上下而求索"的身影;寂寞是陈子昂"前不见古人,后不见来者"的摸索勇气;寂寞更是龚自珍"落红不是无情物,化作春泥更护花"的无私与高尚。

又如:我喜欢"清水出芙蓉,天然去雕饰"的清纯,我向往"鸡声茅店月,人迹板桥霜"的静谧,我心仪"低头弄莲子,莲子清如水"的祥和……

这些诗词的嵌入,给原本普通的语言润色不少,让文章更富有文采。

策略研究

一、修改润色基本原则

1.保持原文意思不变

忠实于原文:在修改润色作文时,必须确保不改变原文的基本含义和中心思想,尊重作者的原始表达。在修改过程中,要注意保持文章的逻辑连贯性,确保修改后的文章在结构和内容上与原文保持一致。

2.提高语言表达水平

精炼语言:通过删减冗余词汇、简化句子结构等方式,使文章语言更加简洁明了。增强表达力:运用修辞手法、调整句式等技巧,提升文章的表达效果,使其更具感染力和说服力。

3.遵循规范格式要求

遵循格式规范:根据作文类型和要求,确保修改后的文章符合相应的格式规范,如标题、段落、标点等。

注意细节处理:在修改过程中,要注意文章中的细节问题,如错别字、标点符号使用不当等,并进行相应的修正。

二、修改润色注意事项

1.避免过度修改或润色

尊重原文:在修改润色作文时,要尊重原文的内容和意图,不要过度改变文章的核心思想和表达方式。

适度增减:在保持文章整体结构和逻辑关系的基础上,可以适度增加或删除一些内容,使文章更加流畅和连贯。

避免冗余:避免添加过多不必要的修饰和描述,以免文章显得啰嗦和冗余。

2.保持文章风格一致

统一语言风格:在修改润色作文时,要保持文章的语言风格一致,不要出现明显的风格差异。

保持语气一致:文章的语气应该与原文保持一致,不要改变原文的语气和情感色彩。

保持文体一致：根据文章的文体和受众，选择合适的表达方式和措辞，保持文体的统一和连贯。

3. 注意文章结构和逻辑关系

保持结构清晰：在修改润色作文时，要保持文章的结构清晰，合理安排段落和层次，使文章易于阅读和理解。

保持逻辑关系紧密：文章的各个部分之间应该保持紧密的逻辑关系，避免出现逻辑混乱或矛盾的情况。

检查逻辑连贯性：在修改润色作文后，要仔细检查文章的逻辑连贯性，确保文章的各个部分之间衔接自然、流畅。

三、修改润色常见错误类型

1. 标点符号错误

（1）逗号使用不当

检查逗号的使用是否正确，避免产生歧义或语法错误。

（2）句号使用不当

确保句号的使用得当，表示句子的结束。

（3）其他标点符号错误

检查作文中的其他标点符号，如问号、感叹号、分号等是否使用正确。

2. 表达方式不当

（1）用词不准确

替换不准确的词汇，使表述更加精确、生动。

（2）句式单调

增加句式的变化，使用不同的句型和表达方式，使文章更加丰富多彩。

（3）表述不流畅

调整句子的顺序和结构，使表述更加自然、流畅。同时，注意段落之间的过渡和连贯性。

四、修改润色技巧

1.多问几个“为什么”

原句：昨天夜里，爸爸妈妈都出去了，只有我一人在家，我心里极度恐惧，害怕极了。直到爸爸妈妈回来了，我才松了一口气。

这时，我们就可以发问了：你为什么这么害怕？你当时心里在想些什么？你当时在家里做了些什么？

改后：昨天夜里，爸爸妈妈都出去了，留我一人在家里。突然，电闪雷鸣，下起了倾盆大雨，我害怕极了。那闪电一个接一个，划破天空，那雷声一阵接一阵，打破黑夜的宁静。刺眼的闪电，震耳欲聋的雷声，吓得我直打哆嗦，我赶紧捂住耳朵，蜷缩着身子，把头深深埋进膝盖里。可雷声还是划过窗子，穿透我的被子，震撼我的耳膜，我害怕极了，飞快地跑进卧室，钻入被窝，用被子把整个人捂得严严实实的，心里不停地默念：爸爸妈妈，你们快些回来吧！

2.添加词语修饰语言

就是在名词、动词前加上一个修饰语，使语言更具体、更生动、更优美。名词前一般加上“什么样的”修饰语，动词前一般加上“怎么样地”的修饰语。例如：“一身羽毛”就可以在“羽毛”前加上“油光可鉴的”或者“乌黑发亮的”这样的修饰语，就变成了“一身油光可鉴的羽毛”“一身乌黑发亮的羽毛”。又如：“她来了”就可以在动词“来”的前面加上“兴高采烈地走”这样的修饰语，就变成了“她兴高采烈地走来了”。

3.分解场面或片段

例如，学生描写了一次足球射门的动作：小宇带着球，飞速冲向球门，猛地一脚，把球踢入网底。如果将这一进球过程分解为接球、带球、过人、射门和进球五个环节，仔细思考每个动作的具体情境，然后将这系列动作连贯起来，描写就会变得更加生动和细致。

改后：小宇用胸部接住同伴传来的球，用大腿轻轻一颠，巧妙地将球挑过对方防守队员的头顶，一个转身，绕过后卫的阻击，又一个转身避开扑过来的守门员，一脚射门，球进啦！

4.用上修辞润色句子

写作时，运用大量的比喻、拟人、夸张、排比等修辞，可使句子更具体、更生动，语言更具感染力。

例如：写月亮，就可以用上比喻，写成“弯弯的月亮像小船”，“苹果红红的”可以写成“红红的苹果像一个个灯笼”，这样就更具体、更生动、更形象了。

5.将事情经过具体化

原句:弟弟在河边玩耍,不小心掉进河里。只见他在河里一上一下,我十分焦急,试图伸手去拉他,却几次都未能成功,我心急如焚。此时,河对岸一位路过的老人对我大喊:“找根树枝让他抓住!”我照着老人的话去做,终于把弟弟拉了上来。

改后:弟弟在河边玩耍,不小心掉进河里。我心急如焚,宛如热锅上的蚂蚁,手忙脚乱地试图伸手去拉弟弟,然而另一只手却没有可以依托的地方,身体不由自主地向前倾斜,险些也坠入河中。我费了九牛二虎之力才稳定住身形。此时,弟弟在河中已被水呛得连连咳嗽。我深知分秒必争,不敢有丝毫耽搁,便蹲下身子,一手紧紧抓住河边的小树,一手再度伸向弟弟,可他始终够不着。弟弟惊恐地哭了起来,我也是泪流满面,心中焦急万分:这该如何是好?就在此刻,河对岸一位过路的老人大声对我喊道:“找根树枝让他抓住!”这话如同一声惊雷,瞬间让我豁然开朗。我抬头望去,河岸上尽是长长短短的树枝!我匆匆止住泪水,迅速捡起一根较长的树枝,急切地递向弟弟。这一次,他终于够到了树枝!我咬紧牙关,一手紧握小树,一手竭尽全力拉扯树枝,最终将弟弟拉上了岸。

改后的文章,就把急的程度写出来了,把拉弟弟上岸的过程进行了细致的描写。

6.从不同角度、按一定顺序写

作文中对事物的描写要依据一定的顺序,这样描写的事物才清晰明了,一目了然。除了写作顺序,还要调动不同的感官,从视觉、听觉、味觉、嗅觉、触觉等不同的方面进行描写,这样文章才会有声有色、有情有景、有血有肉。

例如,一位同学对荷花的颜色和姿态进行了这样细致入微地描绘:它们颜色各异,姿态万千——有的彬彬有礼,有的羞羞答答,有的昂首怒放。瞧!那一株像美丽的少女安详自若,那一株又像翩翩少年笑迎秋风……一阵微风吹来,芳香四溢,沁人心脾。

这段描写从视觉到嗅觉,从颜色到形态,把荷花的美丽生动具体地描绘了出来。

范文引领

春风沐我,诗意不息

文/汪念婷

生活不止眼前的苟且,还有诗与远方。

——题记

当晨旭装点我的窗时，春风踏着轻盈步履，于窗前写作那无字诗行。历史的长河奔涌着，激荡出那壮美的诗篇……

诗•律

诗词，是旋律的谱写。

驻足窗前，看那徐徐清风翻阅那富有书卷气的乐章。眼前，繁叶染着光晕，拨弄远霞，为我奏着那乐曲。

你听，它奏着“草树知春不久归，百般红紫斗芳菲。杨花榆荚无才思，惟解漫天作雪飞”的不负春光之音缓步而来。“归”摹着期盼，“菲”赞着春虽晚仍不失那馥郁芬芳，“思”诵着杨花榆荚的拙意添色，“飞”歌着柳絮的舞曲。舒缓悠长，绵意未尽，是作者对晚春的喟叹。一曲别了，又闻《和董传留别》中“粗缯大布裹生涯，腹有诗书气自华”的铿锵有力，是书卷气所带来的自信。“涯”“华”如那泉水激石，荡出那万里激情澎湃，是诗人对诗书无尽的热爱之情，亦是那份饱读诗书的坚定魄力。

面前的绿叶仍然与远霞协奏着那长河中奔涌的诗篇，韵律在耳边萦绕，心中吟诵着那歌不尽的律……

诗•画

诗词，是墨间的画作。

以远方阔蓝的天空为幕布，翻阅那诗的集录，描摹那墨色的画。

当旭日东升时，将墨色铺染，题“天际霞光入水中，水中天际一时红”之句，将那霞光天际揉作一团，乱散入那湖光春水中，红颜如霜尽染余。当绵绵春雨密密斜织时，题“欲验春来多少雨，野塘漫水可回舟”之句，观那一叶扁舟慢游，野塘上泛起涟漪阵阵，将春意收于那点点雨声残响里。当雁过留痕风也萧萧时，题“长风万里送秋雁，对此可以酣高楼”之句，恍至萧秋，听秋雁荡起那风里的愁思，见高楼一人孤酌独醉的感伤之意。当夕阳西下，题“日晚菱歌唱，风烟满夕阳”之句，遥想那风烟半遮里的残阳，将至的夜幕里歌声飘摇。

那在墨色里铺陈的意境，构成了一幅幅美丽的画卷，每当有感而诵时，总能心随身至，飘摇到那诗人的画中……

诗•抒

诗词，是情怀的抒发。

遥望那历史的长河，我们同伫立于一片天空之下，胸腔中激荡着同样的情怀。

李白官场失意，却不自暴自弃，豪放之气仍存，肯定人的价值，不妄自菲薄，写下“天生我材必有用，千金散尽还复来”，书写了自己的坚信；岳飞一生精忠报国，对着处于危患中的祖国，满腔悲愤，报国之心昭然可见，写下“待从头、收拾旧山河，朝天阙”，明确了自己的坚守；钱珝在追求目标的过程中，从容乐观，不急不躁，他相信只要有顽强的毅力就可以直击风浪，写下“莫愁千里路，自有到来风”，坚定了自己的信念。

诗词，是我们与历史最好的沟通方式。诗书于纸上，寥寥数语，让我们身临其境，跨越时空，与历史紧紧相拥，将诗人的情怀与精神延续在时间的长河中……

品读着那句句诗行，感受着那浓浓的墨香，胸腔溢满着深深的情怀……

诗词将美寄托在字里行间，邀我们携手共览。

在同一片星空下，我用春雨写下了十四行诗，春风，你是否已经看见？请将那墨色里的美带走，绘成春的艺术……

旭日再升时，我想，诗词的艺术美早已浸润在每个人的心间……

习作点评

这篇文章采用题记小标题的形式，通篇运用诗意的语言，简洁而精练。文中多处引用古典诗词，恰当而准确，让文章富有文采的同时又很好地表达了主旨，读之令人陶醉其中，久久不能平息。

小试牛刀

请从修改润色角度，对下面这段文字进行修改。

这次校级运动会，我参加了女子3000米的长跑。鸣枪后，我第一个冲出去，跑到了最前面。两圈后，慢慢地我就跑不动了，感觉好累好累。可一想到坚持跑完，说不定还能为班级加分。在集体荣誉感的驱使下，我又来劲了，感觉也没有那么累了，使劲往前跑，终于到达了终点。

示例：这次校级运动会，我顶着烈日参加了女子3000米的长跑。鸣枪后，我第一个冲出去，刚开始我跑得很快，两圈下来，感觉体力不支，渐渐感到上气不接下气，张着嘴大口大口地喘着粗气，胸口像要爆炸似的，头晕目眩。腿也像灌了铅，怎么也迈不动，心里只想停下，躺在地上休息。就在我快要支撑不住的时候，瞥见了班里的小伙伴们正挥舞着双手，涨红着小脸，在跑道外面，一边跑，一边喊“小宇，加油！小宇，加油！”脸上的汗水粘住了头上的秀发,顺着发丝滴答滴答落下。此时我心想:如果就这样放弃了,怎么对得起同学们对我的期望与鼓励?我不能成为同学们眼中的懦夫,我要当他们心中的英雄。想到这儿,浑身好像一下子又充满了力量,脚步渐渐又轻快起来,一路向前,在同学们的呐喊声中,我跑向了终点。

点石成金留倩影

——谈参赛作文的结尾

要义解说

作文,作为表达思想、传递情感的重要工具,其结尾往往承载着作者的独特匠心。一个精彩的结尾,能够像一颗璀璨的明珠,照亮全文,让读者在品味之余,回味无穷。因此,如何打造一个令人难忘的结尾,成为作文写作中不可或缺的一环。

作文的结尾既是对全文的总结,更是对主题的升华,要求语言简而有力,能够点石成金,为读者留下"倩影"。

策略解密

一、作文结尾的重要性

作文结尾的重要性不言而喻。它既是全文的收束,也是主题的升华。一个优秀的结尾,能够收束全文,使文章结构完整;能够深化主题,让读者对文章的主旨有更深刻的理解;能够引发读者的共鸣,增强文章的感染力。

1.总结和归纳主要观点

作文结尾的首要功能是总结和归纳文章中的主要观点和论点。通过简明扼要地回顾文章的核心内容,读者可以在结束时再次确认和理解作者的立场或主张。这种总结不仅帮助读者更好地消化文章内容,也确保文章在逻辑上得到完整和合理的呈现。

2.引发深入思考和反思

一个精心设计的结尾能够激发读者的深入思考和反思。通过回顾文章讨论的问题或主题,结尾可以引发读者对相关议题更深入的思考,甚至启发他们探索更广泛的相关话题。这种引导性的结尾不仅扩展了文章的影响力,也使读者对文章内容产生更持久的兴趣和关注。

3.提出建议或展望未来

在某些类型的文章中,结尾可以提出建议,也可以展望未来。无论是问题的解决方案,还是对未来行动的建议,这种结尾能够给读者留下深刻的印象,并强化作者在问题探讨中的专业性和洞察力。此外,积极的结尾也可以激发读者的行动意愿,促使其在实际生活中采取积极的改变或行动。

4.强调文章的意义和价值

最后,作文结尾应当强调文章的意义和价值。无论是强调研究的重要性,还是讨论对社会、文化或个人生活的影响,结尾都应当清晰地突出文章的深远意义,从而使读者在完成阅读后对文章内容有一个更全面的理解和评估。

总之,作文结尾的重要性不容忽视。作文结尾在整篇文章中具有至关重要的功能。它不仅是文章的必要组成部分,更是作者与读者最后的沟通桥梁。一个精心设计的结尾能够有效地强化文章的整体效果和影响力,并引导读者对文章主题进行深入的思考和反思。作文和日常表达,都应当重视结尾的设计和构建,以确保文章达到预期的沟通和表达目的。我们应该认真思考如何写好结尾,使其能够有力地突出中心思想、升华主题,并给读者留下深刻的印象。只有这样,我们才能写出真正优秀的作文。因此,我们在写作过程中,必须重视结尾的构思和打磨。

二、作文结尾的常见方式

作文结尾是作文的重要组成部分,一个好的结尾可以起到画龙点睛的作用,可以给作文增色不少。常见的作文结尾有以下几种类型。

1.自然式结尾

这样的结尾顺势衔接前文,水到渠成,但要注意语言的简洁明了,不要拖泥带水。如:花开放了,欢笑着;自己长大了,懂事了。从此,一束美丽的花常开不败。在生命的成长中,我将怀揣着一颗感恩的心,去幸福成长。(《一束美丽的花》)

2.总结式结尾

总结式结尾是作文中最常见的结尾方式之一。它通过回顾全文内容,提炼文章主旨,使读者对文章有一个清晰的认知。例如,在写一篇关于“勤奋学习”的作文时,可以这样结尾:勤奋学习是通往成功的必经之路。只有不断努力、持之以恒地学习,我们才能在知识的海洋中畅游,实现自己的人生价值。又如:在人生的旅途中,有一种陪伴让我们心痛,却也让我们骄傲;让我们感动,也让我们成长——这就是母爱。(《母爱是一种心痛》)

3.照应式结尾

照应式结尾就是结尾与文题或开头相呼应。这种结尾有总结全文、点明主旨的作用。如:世间哪有什么天才?我不过是在不断地学习中经常提问、敢于发出自己认为正确的声音罢了。有了不懂的地方就问,这是再普通不过的事情了,但恰恰是什么时候开始提问,决定了你是怎样一个人。(《向“不懂”就问的人致敬》)

4.抒情式结尾

在情感交流方面,文字往往能达到无声胜有声的效果,特别是抒情性结尾,它含蓄、隽永、意味深长。抒情式结尾以抒发作者情感为主,通过表达作者的喜怒哀乐,增强文章的感染力。这种结尾方式适用于抒情散文、记叙文等文体。例如,在写一篇关于“家乡”的作文时,可以这样结尾:啊!我美丽的家乡!你如诗如画的风光让我陶醉,你淳朴善良的民风让我感动。我将永远怀念你——我的故乡!又如:亲爱的妈妈,女儿想要对您说:“妈妈,谢谢您给予我生命,谢谢您用无微不至的关怀来温暖我的心田,谢谢您教我懂得从平凡的小事中感悟生活。”(《谢谢我的好妈妈》)

5.展望式结尾

展望式结尾比较适合写作记叙文和议论文,它通过对事件的发展过程的回顾,对事件进行升华,给人以鼓舞和启迪。如:这次比赛虽然结束了,但带给我的启示却永远不会结束。因为从中我明白了一个道理:凡事只有努力拼搏才会成功。(《那次比赛给我的启示》)

6.议论式结尾

议论式结尾是指用议论的力量,水到渠成地归纳出文章的主题。结尾部分可以通过重申主要观点和论据来强化作者的立场,使读者更加明确作者的观点和态度。通过总结和强调关键信息,议论式结尾能够增加文章的说服力和逻辑的一致性。如果结尾提出了问题、建议,这些内容可以引发读者的思考和讨论,使作文更具有互动性和引导性。如:友谊如同水一般,无时无刻不在我们身边,它需要我们去珍惜。不要到失去才知道珍惜。(《珍惜身边的每一份友谊》)

7.启发式结尾

启发式结尾以启发读者思考为主要目的。它通过提出问题、揭示矛盾、阐述观点等方式，引导读者深入思考文章的主题和意义。这种结尾方式能够激发读者的思维活力，提高文章的思辨性。例如，在写一篇关于“科技发展”的作文时，可以这样结尾：科技的发展给我们的生活带来了便利和舒适。然而，我们也不能忽视科技发展带来的负面影响。如何平衡科技发展与人类生活的关系？这是一个值得我们深思的问题。

8.引用式结尾

引用式结尾通过引用名言警句、诗词歌赋等经典语句来结束全文。这种结尾方式能够增强文章的说服力和文化底蕴。例如，在写一篇关于“珍惜时间”的作文时，可以这样结尾：“一寸光阴一寸金，寸金难买寸光阴。”让我们珍惜生活中的分分秒秒吧！只有这样我们才能把握住人生的航向，实现自己的梦想。

9.号召式结尾

号召式结尾以呼吁、号召为主要内容。它通过激发读者的情感共鸣和行动意愿来达到写作目的。这种结尾方式适用于议论文、演讲稿等文体。例如，在写一篇关于“环保”的作文时，可以这样结尾：环保是我们每个人的责任和义务。让我们从身边的小事做起，积极投身到环保事业中去，共同守护我们美丽的家园！

总之，作文的结尾一定要服务于主题，服务于全文，要不紧、不松、不拖沓。这就要求我们根据实际情况选择合适的结尾了。

三、作文结尾的打造技巧

1.紧扣主题，突出核心观点

作文结尾应紧扣文章主题，突出核心观点。在打造结尾时，要回顾全文内容，确保结尾与文章主题紧密相连，避免偏离主题。同时，要突出文章的核心观点或情感，使结尾成为全文的亮点。例如，若文章讨论教育改革，结尾应强调所倡导的教育理念的重要性和实施意义。通过简明扼要地总结论点，读者能够清晰地理解作者的立场和观点，从而达到文章的逻辑闭合。

例如，如果要讨论环境保护的重要性，可以这样结尾：在这个地球村中，每一片绿叶都是生命的延续，每一滴清水都是未来的希望。让我们不再袖手旁观，而是肩负起保护家园的责任。因为只有当我们尊重自然、保护环境时，我们才能真正享受到大自然赐予我们的一切美好和丰盛。让我们携手并肩，共同守护这片我们共同的绿色家园，为子孙后代留下一个更美好的明天。这个结尾紧扣主题，核心观点明确。通过“每一片绿叶都是生命的延续”和“只有当我们尊重自然、保护环境时，我们才能真正享受到大自然赐予我们的美好”等语句，强调了环境保护对人类生存和未来的重要性。结尾呼吁读者行动起来，共同保护环境，为文章主题增添了深度和力量。

2. 简洁有力，避免冗长

作文结尾是文章中至关重要的一部分，它不仅是内容的总结，更是作者最后的表达机会，应当简洁有力，掷地有声，避免冗长展开，以确保文章的逻辑和情感的完整性。结尾要力求简洁明了，不能拖泥带水或冗长烦琐。我们要通过精练的语言和有力的表达来突出文章的重点和亮点，让读者一目了然。同时，要注意语言的准确性和生动性，使读者在阅读后能够迅速理解并接受文章的主旨。作文的结尾必须紧扣主题，不能离题太远。在构思结尾时我们要明确文章的主旨和中心思想，确保结尾能够准确地传达出作者的意图和观点。语言的选择要力求简练明了，避免使用过多复杂的词汇或长句子。情感的表达可以适当渲染，但要确保不过于夸张或情绪化，以免影响读者对结尾信息的接受和理解。例如，如果文章讨论创新技术在教育中的应用，结尾可以强调技术创新促进学习效果提升的重要性，而非深入展开技术的种种细节。这样的总结能够让读者清晰记忆主要观点，达到文章信息的高效传递。

假如我们要讨论科技对社会的影响，可以这样结尾：科技如今已经融入我们生活的方方面面，给我们带来了巨大的便利和变革。然而，我们也应意识到，这种便利背后隐藏着深刻的社会影响和责任。我们在充分利用科技创新的同时，也要持续关注其可能带来的伦理和社会问题。因为只有这样，我们才能确保科技真正成为人类进步的强大引擎，而非潜在的风险源。这个结尾简洁有力，直接回应了作文主题，即科技对社会的影响。通过强调“利用科技创新”和“关注其可能带来的伦理和社会问题”的双重方面，结尾避免了冗长的陈述，突出了文章的核心观点。同时，它还提供了对未来发展的深刻思考，呼吁读者在科技进步的道路上保持警觉和责任感。

3. 情感真挚，引发共鸣

结尾要富有感染力，能够引发读者的情感共鸣。我们可以通过运用排比等修辞手法，描绘生动场景等方式来增强文章的感染力和表现力，让读者在阅读过程中产生强烈的情感共鸣。在打造结尾时，关注读者的情感体验，用真挚的情感去感染读者；通过描绘生动的场景、抒发深刻的感悟或表达强烈的情感等方式，使读者在阅读后产生共鸣和感动。

在一篇关于“家庭重要性”的作文中，结尾可以这样设计：在这个快节奏的社会里，家庭是我们最温暖的港湾，是我们心灵的栖息地。让我们不忘初心，珍惜与家人的每一刻相处。因为,当我们的生活充满关爱和理解时,我们才能真正感受到生命的美好和意义。让我们用爱和包容,共同构建一个温馨和谐的家庭,为未来的每一个日落,都留下无限温柔的记忆。这段结尾通过真挚的情感和深刻的话语,强调了家庭的重要性,并呼吁读者珍惜家庭关系。通过情感的表达,读者可以感受到作者的真诚,进而产生共鸣,整篇作文就更具感染力和深度。

4.创新独特,避免陈词滥调

在打造结尾时,要注重创新和独特性,避免使用陈词滥调或过于平庸的表达方式,要尝试从新的角度或层面去思考和表达。作者可以通过独特的观点、新颖的论据或生动的语言等方式,使结尾具有个性和吸引力。同时,作者在结尾部分要创新独特,但也要避免千篇一律或陈词滥调。我们要根据自己的写作风格和文章特点来构思独特的结尾方式,让读者在阅读过程中产生耳目一新的感觉。

一篇讨论“城市交通问题”的作文,结尾可以设计如下:在未来的道路上,我们不再是孤独的旅行者,而是共同构建绿色出行的梦想者。让我们的步履更轻盈,道路更清洁,未来的城市,因我们而更美好。这个结尾通过使用“共同构建绿色出行的梦想者”和“让我们的步履更轻盈”等独特的表达方式,避免了交通问题作文常见的陈词滥调,使读者眼前一亮,更容易记住和认同作者的观点。这种创新的结尾不仅强化了文章的主题,还展示了作者对问题的独特见解和积极态度。

5.注重逻辑性和连贯性

在作文中,结尾的逻辑性和连贯性对于文章的整体效果至关重要。一个注重逻辑性和连贯性的结尾可以有效地总结论点,确保读者对主题的理解得到完整的闭环。在打造结尾时,要回顾前文内容,确保结尾与前文紧密相连、逻辑清晰。同时,要注意过渡和衔接的自然性,避免出现突兀或断裂的情况。

比如,一个关于“互联网对现代社会的影响”的作文结尾示例,展示了如何在结尾中注重逻辑性和连贯性:综上所述,互联网既带来了前所未有的便利,也引发了不少挑战。我们从中获得了信息的便捷获取、社交网络的扩展,以及学习和工作的更多机会。然而,这些进步也伴随着隐私泄露、信息过载和虚假信息传播等问题。面对这些现实,我们不仅要积极利用互联网带来的机遇,也要高度警惕其存在的风险。只有在充分发挥互联网优势的同时,采取有效措施应对其负面影响,我们才能在这个数字化时代中获得真正的成长与进步。结尾首先回顾了文章的核心论点,即互联网的双重影响:一方面带来了便利,另一方面也带来了挑战。这一总结帮助读者回忆起文章中讨论的主要内容。通过指出“我们不仅要积极利用互联网带来的机遇,也要高度警惕其存在的风险”,结尾明确了在利用互联网时需要做到平衡。这种表达方式将文章的论点与实际行动建议相结合,使结尾既有总结性又有前瞻性。

四、案例分析

以下将通过具体的案例来展示作文结尾的打造技巧:

案例一

作文题目:《我的成长之路》

结尾部分:回首我的成长之路,那些艰辛与挫折都成了我前进的动力。我深知,成长不是一帆风顺的,但正是这些困难和挑战让我变得更加坚强和勇敢。在未来的日子里,我将继续努力、勇往直前,为自己的梦想而奋斗。

分析:该结尾紧扣文章主题“我的成长之路”,通过回顾成长过程中的艰辛与挫折,强调了成长的不易和自己的坚强品质。同时,通过表达对未来的展望和期许,展现了作者的积极态度和坚定信念。整个结尾简洁有力、情感真挚、逻辑清晰、连贯性强。

案例二

作文题目:《科技改变生活》

结尾部分:科技的力量是无穷的,它正以前所未有的速度改变着我们的生活。从智能手机到人工智能,从虚拟现实到量子计算,科技的进步不仅让我们的生活变得更加便捷和舒适,还为我们带来了前所未有的挑战和机遇。面对未来,我们应该积极拥抱科技、不断学习新知识、适应新变化,共同创造更加美好的未来。

分析:该结尾紧扣文章主题“科技改变生活”,通过列举具体的科技成果和进步,强调了科技对生活的影响和改变。同时,通过表达对未来科技发展的展望和期许,引导读者关注未来科技的发展和变化。整个结尾创新独特、情感真挚、逻辑清晰、连贯性强。

案例三

作文题目:《童年记忆的重要性》

结尾部分:在这些记忆的拼图中,每一个片段都是那么珍贵,它们如同梦境般轻柔,却又刻骨铭心。让我们铭记那些曾经令我们心跳加速的时刻,因为它们不仅是我们的过去,更是我们未来无尽的勇气来源。

分析:这个结尾通过强调情感的真挚和回忆的珍贵,成功地引发了读者对童年时光的追忆。语言温暖而富有感染力,使读者能够与作者的情感产生共鸣,从而加深对作文主题的印象和理解。

案例四

作文题目:《未来的教育发展》

结尾部分:在未知的明天里,让我们不再成为传统教育的奴隶,而是探索者和创新者。让知识之光在我们的每一个脚印中闪耀,让学习成为一段永不停歇的旅程。因为,唯有敢于挑战常规的人,才能在未来的教育舞台上谱写出最绚烂的乐章。

分析:这个结尾通过使用“探索者和创新者”“知识之光”等创新的表达方式,避免了传统作文结尾常见的陈词滥调。它不仅强调了教育的未来发展方向,还激发了读者对教育革新的思考和探索欲望。

案例五

作文题目:《社会责任感的重要性》

结尾部分:因为我们的选择,社会不再是一个陌生的面孔,而是我们责任的延伸。让我们的行动成为改变的种子,让责任感在每一个日落中传承。唯有如此,我们才能共同创造一个更加公正与和谐的明天。

分析:这个结尾首先总结了作文中讨论的核心主题,即社会责任感的重要性。然后通过“改变的种子”和“责任感在每一个日落中传承”等语句,强调了个体行动与社会整体发展的关联,保持了逻辑性和连贯性。

作文结尾的打造技巧是提升作文质量的重要手段之一。通过紧扣主题、突出核心观点、简洁有力、情感真挚、创新独特以及注重逻辑性和连贯性等方面的努力,可以打造出优秀的作文结尾。同时,通过具体的案例分析可以看出,优秀的结尾能够增强文章的说服力和感染力,给读者留下深刻的印象。因此,在写作过程中应重视结尾的打造技巧并不断进行实践和探索。

总之,作文的结尾应简洁有力、富有感染力。一个优秀的结尾能够点石成金,给读者留下深刻而难忘的印象。因此,我们在写作过程中要重视结尾的精心构思和仔细打磨,运用各种技巧和方法来打造一个精彩绝伦的结尾,让文章更加完美动人。同时我们也要不断探索和创新,寻找更多更好的结尾方式,让作文的艺术魅力得到更充分地展现。

范文引领

邂逅那棵榕树

文/郑雨欣

那天，我突然又遇到了它……

那是一棵榕树，傲然挺立在道路旁，不惧烈阳的炙烤。我慢慢地靠近它，却看见了它不同的景象。

春，万物复苏。冰雪融化，鲜花绽放，和煦的阳光暖洋洋地洒下来，扑面而来的是春日蓬勃的气息。榕树在这时生出了嫩芽，旁边明明是芳香四溢、五彩斑斓的花海，它也毫不逊色。榕树此时满怀着茁壮成长的期望，努力地吮吸甘露，沐浴日光。它是那样的富有生机，所生长出的枝叶也是如此的嫩绿，好不惹人喜爱。

处在早春的榕树就如同少年一般，对生活满载着希望，迸发出生机……

夏，枝繁叶茂。那刺眼的阳光斜射着大地，使大地都变为白茫茫的一片。行人们都不想在外“受苦受难”，整条路都变得空荡荡的。榕树也因为这烈日的照耀，枝叶生得更加墨绿，更加繁茂，将那阳光挡得严严实实的。经过春天的茁壮成长，榕树也更加成熟，身旁的草早已晒得枯黄，那片花海也早在晚春之时变得枯萎，凋谢了许多，只有榕树仍挺直腰杆，仰着头，向人们展现出它的成熟。骄阳越热烈，它便生长得越好。

处在盛夏的榕树就似步入工作不久的青年一般，越是打压便越是努力，坚持不懈……

秋，硕果累累。果园里，田野上，满是收获的气息。榕树仍在挺立着，享受着秋日独有的丰收的味道，被凉爽的秋风包裹着。它的树叶开始泛黄，但仍是那样挺拔。它也进入了它自己独有的丰收阶段，为人们提供了一个好的休憩场所。人们常常在榕树下坐着，老人们会在这谈天说地，小孩们会在这嬉笑玩闹，在外奔波一天的人们能够伴着“沙沙”的树叶声，让心灵得到慰藉。

处于晚秋的榕树就如同辛勤工作的中年人，终于能够享受拼搏后带来的安适……

冬，静谧无声。周遭都被雪装点得晶莹剔透，雪也让整个世界都安静了下来。榕树处在冰雪中，显得是那么的凄凉。

处在严冬的榕树就像年迈的老人一般，生活得寂静而安详……

思绪又飘回到面前这棵榕树，它正处在盛夏，正是它一年中最美好的时刻。

人就如同这榕树一般，少年时的期望，青年时的拼搏，中年时的丰收，老年时的安详。我们应将自己释放出来，去感知生活的美好，去感悟生命的真谛……

习作点评

本文在结尾处有两个亮点值得学习，一是照应开头，做到首尾呼应，行文贯通，结构完整。二是升华了主题，将人生比作榕树，邂逅榕树的春夏秋冬四个季节，就是邂逅人生的四个阶段，即少年、青年、中年和老年，主题拔高了，意境更深远了，留给读者思索和咀嚼的空间。

小试牛刀

请你用“景物烘托法”，为《夕阳下的姥爷》写一个结尾。

景物烘托法，是指以描写自然景物来结束全文的一种收尾方法。

第二部分

范文集

爷爷的一年

文/田园

锄禾日当午,汗滴禾下土。谁知盘中餐,粒粒皆辛苦。

——《悯农·其二》

春雨洒下,渗入爷爷油亮的头发;夏雨落下,模糊爷爷忙碌的身影;秋风拂过,扬起爷爷汗湿的衣角;冬雪纷飞,拂去爷爷劳动的疲惫……

春·种子

随风潜入夜,润物细无声。

天刚亮,爷爷便戴上草帽去赶集。回来时变戏法似的从兜里掏出几颗糖递给弟弟,弟弟欢呼雀跃地接过糖,指着爷爷另一只手上的袋子问道:“爷爷,这是什么?”“这是水稻的种子,把它们撒在田里,夏天就会长出秧苗。”“那我可以帮忙撒吗?”“当然!”爷爷慈爱地看着弟弟答道。

爷爷站在田埂上抓起一把谷子,扬向田间。“哗啦啦,哗啦啦”的落水声使人倍感舒适。爷爷对弟弟说:“你看啊,就是这样,撒得越远越好。”弟弟学着爷爷的样子撒了一把,没撒多远,却撒了自己一脑袋。滑稽的模样逗得我们捧腹大笑,笑声久久回荡在田埂上,多么美好的画面,多么惬意的生活啊!

小小的种子在春雨的滋润下萌发,那是爷爷播种的希望……

夏·幼苗

童孙未解供耕织,也傍桑阴学种瓜。

“哗啦啦,哗啦啦……”夏季的雨总是说下就下,给久旱的大地带来一场甘霖。

雨过天晴,爷爷带着弟弟去拔秧苗。爷爷拔着秧苗,哼着小曲,弟弟见了,有样学样,也跟着拔了几株秧苗。可他拔出的秧苗总比爷爷的要短一截,原来是没把嵌入泥土里的秧苗根须一并拔出来。爷爷笑着告诉弟弟:“孙儿呀,你也跟那没长成的秧苗似的,我们要把它的根须全部拔出来,种在地里,它才能吸收养分,茁壮成长。”弟弟似懂非懂地猛点头,夸张的动作惹得爷爷乐得前仰后合。多么和谐的画面,多么幸福的爷孙俩!

小小的幼苗在夏雨的灌溉下茁壮成长,那是爷孙俩耕耘着他们的希望……

秋·稻穗

稻花香里说丰年，听取蛙声一片。

秋风拂过，田间金黄的稻穗摇曳着，像是一阵阵金黄的波浪。

“轰隆隆，轰隆隆……”收割机来了，一片一片的稻穗被收走，爷爷顶着烈日用肩膀扛回了一袋又一袋的稻谷。他大汗淋漓，汗湿的衣服黏在身上，爷爷却浑然不知，他面带微笑，继续扛着稻谷。我问爷爷扛那么多稻谷累不累，他说“累并快乐着，身体是累的，心里却像是吃了蜜那般甜”。那一刻，爷爷脸上的笑容是最真实、最满足的，看着自己辛勤劳动了几个月的成果，怎能不开心呢？

金黄的稻谷带给爷爷的是欣慰与满足，他终于收获了属于自己的累累硕果……

冬·瑞雪

瑞雪兆丰年，五谷丰登。

南方的冬季本不常下雪，但这年的冬天却奇迹般地下起了雪。雪白的小精灵为大地换上了新装，铺上了一条厚厚的毯子。

爷爷说：“瑞雪兆丰年。明年的收成一定会更好，我要早做准备，安排好农事，明年大干一场……”

洁白的雪花给爷爷带来的是希冀与畅想，在享受甘甜的果实时亦不忘来年的耕耘。

爷爷的一年，是忙碌而充实的一年。春的播种、夏的耕耘、秋的收获、冬的酝酿。爷爷在四季中劳作，在四季中品味劳动的果实，在四季中感悟生活的美好……

爷爷的一年，就是新中国几十年的缩影。人们就是在这一年又一年里，通过不停地劳动去创造美好生活……

红领巾情结

文/周彦博

一条红领巾，是那么的鲜艳，又是那么的平凡。它随风飘动在我的胸前……

红领巾·盼

幼儿园时，我迫不及待地想步入小学的门槛，因为我格外期待戴上一条红领巾。儿时的梦中，无数次出现佩戴红领巾的情形：我端端正正地站着，大姐姐为我细心地系好红领巾，我用小手轻轻抚摸红领巾的每一处，激动、兴奋、喜悦之情难以言表。红领巾在我的胸前随风飘荡，引领我的思绪飘向了遥远的战争年代，目睹了革命烈士们在硝烟中高举旗帜，他们的热血浸透了旗帜，最终化作了我胸前这一抹永不褪色的鲜红！

红领巾·爱

进入小学，当一位漂亮的大姐姐亲自为我戴上红领巾的那一刻，儿时的梦境终于成真了！我的心扑通扑通地跳个不停，脸红到了耳根，我小心翼翼地抚摸着胸前的红领巾，心中有说不出的激动和自豪。回到家后，我和红领巾更是形影不离。吃饭时，妈妈叫我摘下红领巾，我死活不肯，还小心翼翼地舒展红领巾，生怕将这宝贝弄皱，弄脏；看电视时，爸爸让我取下红领巾，我使劲摇头，用小手紧紧护着红领巾，生怕爸爸来触碰它；睡觉时，我紧紧地把红领巾抱在胸前，不离开它半步，红领巾陪伴着我儿时一个又一个甜美的梦乡……

犹记得第一条红领巾失而复得的情景：那天放学，我兴高采烈地收拾好书本，正准备回家时，摸了摸胸前，发现红领巾不见了。我急得像热锅上的蚂蚁——团团转。我疯狂地寻找红领巾，费了九牛二虎之力，总算在桌子最深处的角落里找到了它，心中的石头终于落了地，我一屁股瘫坐在了地上……

红领巾·敬

是啊，红领巾是革命烈士的热血染红的。最令我难忘的烈士是张自忠，他最伟大的事迹之一是“大刀夜袭喜峰口”。这是九一八以来敌军遭受的最大打击之一，也是日军侵华以来蒙受的较大的失败和耻辱。当时的二十九军第三十八师，在师长张自忠率领下，千人大刀“敢死队”日夜兼程赶赴前线，以大刀、手榴弹为武器，于月黑风高之夜，趁敌不备，歼灭日军步兵两个连队、骑兵一个大队，血染红了喜峰口，我军空前大捷，震惊中外。张自忠等一大批革命烈士令我肃然起敬！对红领巾的敬仰，就是对革命前辈们由衷地敬礼！

红领巾·慨

即将步入中学，红领巾即将不再佩戴在我的胸前，我曾为此满心失落。直到一次升旗仪式，望着冉冉升起的五星红旗，我豁然明白：红领巾，不正是五星红旗的一角吗？它会永远陪伴在我的身旁，让我时刻铭记：今天的幸福生活是无数革命先辈们用鲜血和生命换来的，我们要继承革命先辈的光荣传统，永远跟着党走，珍惜今天的幸福生活。努力学习科学文化知识，不忘初心、牢记使命，朝着美好生活砥砺前行，去建设更加富饶美丽的新中国！

望着空中飘扬的五星红旗，那是从旭日上采下的虹，我轻轻抚过心爱的红领巾，它会荡涤我心中的尘埃，引领着我一路成长……

柚儿香，心儿甜

文/郑洁

春来了，柚子树开花啦！

——题记

回首昨天，是“雄关漫道真如铁”；

品味今天，是“人间正道是沧桑”；

展望明天，是“长风破浪会有时”。

早在1600多年前，东晋文学家陶渊明做了一个梦，梦见了一个国泰民安，仙境般的栖息地——桃花源：土地平旷，屋舍俨然，有良田、美池、桑竹之属。阡陌交通，鸡犬相闻。其中往来种作，男女衣着，悉如外人。黄发垂髫，并怡然自乐。那个梦无与伦比，千百年来令人们心驰神往，但在那个战乱纷飞的年代，上层社会钩心斗角，底层百姓颠沛流离，“桃源梦”终归是“南柯一梦”。

自20世纪70年代末改革开放以来，华夏大地经历了沧海桑田的巨变，人们千百年来的夙愿不再是虚幻的空想。一幢幢高楼大厦如雨后春笋般拔地而起，可谓美轮美奂；昔日坑坑洼洼的羊肠小道不见了，周道如砥的公路通向四面八方；爸爸儿时魂牵梦绕的水果罐头已不足为奇，玲珑精致的巧克力早已俘获了孩子们的芳心。人与人之间多了份信任与温暖，老百姓的脸上荡漾着花般的甜蜜。城市的灯火辉煌、车水马龙唤醒了那段苦不堪言的年代，但使我颇有感触的还是外婆家的小乡村……

妈妈说三十多年前，那儿还是穷乡僻壤，每家每户家徒四壁，上顿不接下顿的生活着实让人无奈；村口那条小路崎岖不平，大雨滂沱时就会泥浆迸溅。日子就这样过得捉襟见肘，一大家子人都没有固定的经济来源，家里唯一的指望就是门前那棵柚子树，全家人都盼啊盼，眼巴巴地盼着它抽芽，开花，结果。满树的柚子终于披上青棉袄了！全家人心里像灌了蜜似的，喜悦之情洋溢在每个人的脸上。偶尔一阵疾风掠过，小皮球般的柚子会落下一两个，姐弟几个心里乐开了花，尽管这没成熟的柚子又苦又涩，酸得浸牙，但大家仍吃得津津有味，一家人其乐融融，好不快活！

待到柚子真正成熟时，方圆几十里满是蜜柚的清香，勾走了人的魂儿，幽幽地醉到心坎儿里。摘下满满两大筐，姐弟几个嘴里浸满了口水，柚子拿在手上看了又看，嗅了又嗅，口水涌上又咽下，但谁也舍不得吃一个，让舅舅挑着去镇上卖，路途坎坷又偏远，最怕的是下雨天，路就会变得泥泞不堪，一路走、一路晃，一路滑、一路摔……

日复一日，年复一年，日子就这么跌跌撞撞地走了过来，一抬头，满面春风般的温暖拂过，贫瘠的乡村发生了翻天覆地的变化：家家户户的砖瓦房翻修成了别具一格的小洋楼，柏油路直通向家门口。舅舅学会了种植技术，承包了一大片果园，那棵老柚树终于不再孤单，独木已成林，漫山遍野的柚子树让舅舅的腰包渐渐鼓了起来，也让全家人的生活过得有滋有味。餐桌上的鸡鸭鱼早已司空见惯，年过花甲的外婆扭着腰杆儿跳“老年迪斯科”，外公笑眯了眼，叼着烟袋，乐呵呵道：“改革开放好哇，国家政策好了，政府有补贴了，咱老百姓的生活有保障了，日子也越来越滋润了，活了大半辈子，盼的就是这一天哩！”

是啊，小乡村早已今非昔比，大变样了。外婆家的小村子，只是泱泱华夏的一个缩影，在经济蓬勃发展的今天，家家户户都富起来了，真正实现了“桃源梦”!巍巍华夏正以蓬勃之势蒸蒸日上，中国梦不再是梦！

冬去春来，柚子树又抽出了新芽……

追梦路上，春暖花开

文/章邱林

三代人的逐梦路上，有荆棘，有坎坷，亦有繁花盛景……

——题记

命运的时针在不停地转动，将跌跌撞撞的三代人裹入其中，搜寻着他们所留下的痕迹，总有些微隆的凸起消磨不尽……

锄头·希望

春来也，是希望纷飞的季节。迎着直扑面颊的微风，沐浴温暖灿烂的阳光，闻着弥漫身边的淡淡花香，听着轻快悦耳的鸟声，我无忧无虑地漫步在家乡辽阔美丽的田野上。轻哼熟悉的小曲，跟着奶奶去地里种菜。

天，蔚蓝而清新，太阳像一个害羞的小姑娘躲在云朵的背后。奶奶熟练地拿起一把早已老旧的锄头在田间松土，我也照着奶奶的模样在一旁帮“土地姑娘”梳头发。松完土后，我用早已沾满泥土的小手挖起坑来，一分钟、两分钟……十分钟过去了。泥土的气息，随着锄头的一升一落弥散在田间地头，滋润着我和奶奶的心田。“囡囡啊，你爸爸和姑姑们都是奶奶“一锄头、一粒种”才活过来的啊！”奶奶一边擦拭着额头上的汗珠，一边对我说道。奶奶的话语让我陷入无尽的沉思……

奶奶膝下儿女成群，在曾经吃不饱穿不暖的年代，解决一大家子的温饱，养活一家儿女是奶奶当时最大的愿望。因此，她每天早出晚归，面朝黄土背朝天在田地里勤勤恳恳劳作十几个小时，粮食不够就用蔬菜来凑，她的孩子们就是她劳作的最大动力。

奶奶用锄头播下了粒粒种子，同时也种下了希望的种子。

出租车·成长

夏已至，是茁壮成长的季节。阳光透过无云的天空直直地洒下来，映在斜面的房顶上，映在漆黑的柏油路上，也映在驰骋的出租车的窗玻璃上。

我的父亲是一名出租车司机，他最大的爱好就是开着他的车，载每一位乘客到他们要去的任何地方。父亲和奶奶一样，每天也是早出晚归，每当午夜时分，总能听见父亲寻找钥匙的金属碰撞声。回到家，父亲常常躺在沙发上，让自己疲惫的身心放松下来，半晌便打起了鼾。果真是“功夫不负有心人”，父亲靠自己的劳动，成为村里第一个开着小轿车回家过年的人，每一声鸣笛，每一脚刹车，每一句询问，都是爸爸努力让我们的生活变得更加美好的见证。

父亲的出租车不仅让每一位乘客到达了目的地，也载着全家向着幸福美好的生活进发。

果园·收获

秋将临，是收获满天的季节。当飒爽的秋风轻轻抚摸人们的脸庞，把自己带来的颜料泼洒在一片片树叶上，树叶作曲家谱写出美妙动听的秋之韵时，我便知道，秋姑娘，她来了。

哥哥曾经承包的果园，如今硕果累累。要知道，为了这个果园，哥哥与奶奶闹了好几日，奶奶一辈子脚踏实地惯了，一下子不能接受她的孙子干高利润但也有高风险的事。在哥哥的软磨硬泡和家人的劝慰下，奶奶才勉强同意了这十几亩果园的承包。哥哥通过政府的补助金，在奶奶、父亲的言传身教下，靠劳动创造幸福生活。他把果园经营得红红火火，全家人的生活如芝麻开花——节节高！

哥哥的果园收获了累累的果实，更收获了哥哥的愿望。

时针仍在不停地转动，将跌跌撞撞的三代人裹入其中，看着他们所留下的痕迹，那一个个微隆的凸起，就像是黑夜中的繁星，愈来愈亮……

从奶奶的锄头，到父亲的出租车，最后是哥哥的果园，三代人的追梦路上，一派春暖花开的景象……

竹载书香，浸润我心

文/汪念婷

外物之味，久则可厌；读书之味，愈久愈深。

——题记

霁月光风，拂照我心。无光的夜里，书点亮心中的那盏明灯，抬眼望去，前方是待我去续写的诗与远方……

书·影

“书卷多情似故人，晨昏忧乐每相亲。”

“乱花渐欲迷人眼，浅草才能没马蹄。”初春的阳光撒下希望的种子，枝头的杏花与轻风互相挑逗，迸发出新的生机与活力……

绿荫下，绿叶似翩翩舞者，随风在树的生命中谢幕，抬眼看去，偶见新枝又发，脸上多了几分欣慰。拂开长椅上的落叶，缓缓坐了下去，风在眼前徘徊，随手翻开了手中的书。清风拂面，恣意地挑逗着书本，未等我前去阻止，风早已离去，转头拨弄着枝头的叶。阳光倾泻而下，树影婆娑，光斑在书页上跳动着，目光被它所牵动着，浮躁的心沉静了下来，我开始静下心来仔细阅读，书香在身旁萦绕，书中所描绘的丽景，胜似这春光，不禁陷入作者笔下的世界，陶醉其中。光影伴着我在书中品味自然的美好，书中的涓涓细流，在阳光下洗涤着我的心灵……

书如影，随光伴我身……

诗·览

“半亩方塘一鉴开，天光云影共徘徊。”

“日日春光斗日光，山城斜路杏花香。”早春的阳光透过窗户洒了一地，风悄悄翻开诗集的篇章……

“竹外桃花三两枝，春江水暖鸭先知。”桃竹相掩，游鸭嬉戏，江水悠悠水长流，春意荡漾于红绿间，迸发出生命的活力；“漠漠水田飞白鹭，阴阴夏木啭黄鹂。”积雨的辋川山水间，水田中缀满新绿，偶见几行白鹭高飞，茂密的林间，黄鹂高唱夏的主旋律；“落霞与孤鹜齐飞，秋水共长天一色。”霞光与孤雁同游，江水染了秋色，与辽阔的天空相衬相映，浑然一体，透出秋的宁静致远；“忽如一夜春风来，千树万树梨花开。”忽似一夜春风吹来，雪飘然缀满枝头，好似千万的梨花盛开，苍白的世界里，亦有生机的竞发……

闭上眼，四季的美在心中流转，春的蓬勃、夏的高亢、秋的幽静、冬的静谧……在不同的季节里给予我不同的启迪，以诗为钥匙，打开心中的门；以诗为形，镌刻在我成长的旅途中……

合上了四季的诗集，望着窗外，四季的美在脑海中浮现，心中已豁然……

书·鉴

“一日不书，百事荒芜。”

“春色满园关不住，一枝红杏出墙来。”春光乍泄，伫立窗前，品味书中之意……

“人是为活着本身而活着的，而不是为了活着之外的任何事物所活着。”余华的《活着》教会了我，人只有活着，才有资格去经历与感受，要有直面困难的勇气，要为了活着而活着；金缨在《格言联璧》中言道：“度量如海涵春育，应接如流水行云。”教会了我待人接物之道，如海包容接纳，如春孕育万物；苏轼于《稼说送张琥》一文言道：“博观而约取，厚积而薄发。”教会了我要勤于积累，精于运用，博览中，亦需取其精华，去其糟粕，积于厚，发之于薄；梭罗隐居瓦尔登湖畔，与自然相惜相知，水乳交融，在田园中品读自然，接受心灵的洗涤，闭上了眼，脑海中浮现湖畔的旖旎风光，湖水洗去了心中的浮躁……

抬头远眺，袅袅炊烟隐翠林，手中的书散着馥郁的芳香，风在林梢徘徊，指引我寻书中真意……

书籍在无眠的黑夜亮起点点星光，我循着光亮，寻找心中的诗与远方……

草鞋，油灯，母亲

文/章邱林

脚下踩着一双简朴的草鞋，手里提着一盏昏黄的油灯，心中怀揣着一颗炽热的中国心！

奶奶说："现在的吃穿不用愁了，好啊……"

妈妈说："现在的教育越来越好了……"

老师说："你们是新时代的花朵……"

是啊，如今的祖国发生了翻天覆地的变化——

草鞋结

天阴沉沉的，太阳隐没在乌云里，天空一改往日蔚蓝的颜色，变成了一张被墨水浸染过的抹布。我吵着嚷着，央求妈妈给我买一双新鞋，妈妈摆手道："你之前那双不是还能穿吗？为什么又要买？"我一听就不乐意了，愤愤地说："哼，不买算了，一双鞋要多少钱？真是小气！"一旁的奶奶接话了："楠楠，你知道我小时候穿的是什么鞋吗？"我眉心一皱，不高兴地说："我怎么会知道？"

奶奶笑着示意我坐在她身旁，娓娓道来："我们以前呐，穿的可都是用稻草麦秆编的草鞋，哪有你们现在穿的什么皮鞋、运动鞋哟，我们那时一双草鞋要穿得不能再穿了才换新的，而你这么新的一双鞋都不想穿了吗？多浪费呀！我们以前一双鞋可能要几姊妹一起穿，你们现在从来都是穿新鞋。是呀，你们生活在新时代，生活条件好了，可也不能浪费呀，要知道幸福生活来之不易，要懂得勤俭节约，珍惜今天的幸福生活……"

奶奶的一番话，让我陷入沉思：是啊，如今的祖国，今非昔比了，草鞋渐渐退出了历史的舞台，可我们不能忘记历史，忘记草鞋，让草鞋印在我们的脑海里，烙在我们的心坎上。

一双草鞋，让我们铭记过去的辛酸，珍惜今天的幸福生活。

油灯情

天刚蒙蒙亮，我们一家子驱车赶往奶奶小时候生活的地方。这是我第一次去，内心激动不已。一路上，目睹了青山绿水，桃红柳绿，成群的牛羊，田间劳作的农民，好不快活！

这里依山傍水，绿树环绕，是一个修身养性的好去处。一眼望去，只有稀稀疏疏几户人家。在爸妈的带领下,我们来到了一间瓦片残缺不全,墙面破败不堪的平房前。歪斜的门板,发出吱嘎吱嘎的响声。屋内,空空如也,环视一周,目光落在了一个布满灰尘,结了蜘蛛网的“瓶子”上。好奇心驱使我快步走过去,弯腰将“瓶子”捡起来,掸去上面的灰尘,仔细观察,也叫不出名字来。正在冥思苦想时,爸爸走了过来,像淘到宝贝似的从我手中夺过“瓶子”,小心翼翼护在怀里,生怕一个闪失给弄破了。接着,爸爸说道:“这是古董——煤油灯,它以煤油为燃料,用棉线做灯芯,是过去家家户户用来照明的工具。小时候,家里没有电灯,是煤油灯陪伴我走过了童年,度过了无数个漆黑的夜晚,那是过去艰难生活的见证……”

如今,我们坐在宽敞明亮的教室里,家家户户都是电灯,想什么时候开就什么时候开,不会因为点燃一次灯而高兴激动了,也不会担心油灯没油而愁苦半天了。

煤油灯已经淡出了我们的生活,但爸爸的一番话让我明白:要铭记过去,珍惜现在,努力学习,做新时代的弄潮儿!

从昏黄的油灯到明亮的日光灯,从贫困到衣食无忧,这是时代在进步,祖国在发展。煤油灯,是以前生活的印记,它用微弱的光芒,驱走黑暗,带来一片光亮……

赞“母亲”

雄关漫道真如铁的年代,见证了一个内忧外患、蹒跚学步的中国。新中国成立初期,经济凋敝、科技薄弱,综合实力远远落后于发达国家,这古老又年轻的国度顶着西方国家的武力威胁和蔑视,一步一步,在泥泞中艰难爬行,最终却坚定地站立起来了,以傲然的身姿屹立于世界的东方!

人间正道是沧桑的征程中,改革开放的祖国日新月异。党的十一届三中全会以来,祖国迅速发展,如一条腾飞的巨龙。经济科技突飞猛进,赶上并超越部分发达国家,在国际上有了举足轻重的地位。民族复兴是每个中国人的梦想,开放的中国正意气风发地奔赴在圆梦的路上。红旗下的追梦少年也应该怀揣着一颗赤子之心,踏上富有挑战而又艰巨的新征程……

长风破浪会有时,描绘了祖国新时代的宏伟蓝图。党的十八大以来,祖国飞速向前,经济、科技、体育等都在国际舞台上占据举足轻重的地位,西方很多国家都视我们为竞争对手。党的十九大的召开,给我们指明了前进的方向,我们会沿着习爷爷指引的美好幸福生活的航标,努力学习科学文化知识,不忘初心、牢记使命,砥砺前行,去建设更加富饶美丽的新中国!

我们是时代的骄子,更是历史的主人,路在脚下,行走远方。站在红旗下,怀揣一颗中国心,踏上属于我们的民族富强路……

今天,我以中国自豪,明天中国以我为荣!

鞋,是我们的助跑器;

灯,是我们的指向标;

中国心,是我们永存不变的志气!

桥

文/王露茜

独立小桥风满袖。

——题记

站在桥上看风景。夕阳渐渐下沉,仿佛喝醉了一般,将缕缕橘红点缀在无边的天际。微风拂过,唤醒了睡眼惺忪的草儿,吹动了争奇斗艳的花儿,更安静了我浮躁的心……

脚下这座桥,从摇摇欲坠的小石板桥蜕变成坚固、精美的大石桥。桥上刻着的精致花纹也成了点睛之笔。湖面在夕阳的照射下显得格外耀眼,像无数颗浮在湖面的碎钻,在湖面上影影绰绰。那飘在湖面上空的薄雾,像披着白纱的少女……

爷爷·木桥

夜,静谧,幽深。我静静地听着爷爷的讲述:"新中国成立之初,人们的生活举步维艰,温饱解决不了,读书成为奢侈。当时,全家人都反对我去上学,可我执意要去。起早贪黑,在黑暗中摸索着去学校。在那个年代能读书已经很不错了!"讲到这里,爷爷停顿了一会儿,继续说道:"上学的路上,会经过一条坑坑洼洼的土路,一下雨,土路就会被雨水冲得稀烂。有一次,大雨下了一夜,到了第二天,果不其然,深夜的大雨早已把路冲垮,眼前是水汪汪的一片,通往学校的路早已被雨水淹没。可我没有被雨水挡住前行的路,我在附近的灌木丛中找到一块小木板,木板下面只铺了几块大石头,一座"小桥"搭成了。我小心翼翼地走在摇摇晃晃的"木桥"上,有惊无险地到了河的对面。"

听着爷爷的讲述,我陷入了沉思:在那样艰难的条件下,爷爷都没放弃读书,因为他明白"知识改变命运"的道理。作为新时代的我们,更应该努力学习,用知识武装头脑,去建设未来美好的中国!

爷爷的木桥,是他通向知识殿堂的小桥,亦是一座搭建起祖国未来的桥梁!

父亲·石桥

1992年,邓小平同志发表南方谈话,改革的春风吹遍了祖国的神州大地。爷爷搭起的小木桥,早已被人们修建成一座小石桥;土路早已变成了一片湖泊,湖面泛起阵阵涟漪。

孩子们常常在桥边嬉戏玩耍，有的放着五颜六色的风筝，有的用泥巴捏出属于自己的泥人，还有的成群结队涌入湖泊的怀抱……

时代在变迁，人们的思维也在经受一次又一次的洗礼。农民从农村走向城市，甚至很多放下锄头，投身商海。父亲也加入这个庞大阵容——去深圳打工。父亲就是从这座石桥上走出去的，是这座桥，把父亲从山里送到了山外，去为改革开放中的中国添砖加瓦。

父辈的石桥，是通向改革开放的大桥，亦是祖国经济腾飞的见证者。

我·悟桥

党的十八大以来，经济、科技飞速发展，桥梁建设也如火如荼。2009年12月15日动工，2018年10月24日运营的港珠澳大桥，是中国境内一座连接香港、珠海和澳门的桥隧工程。桥隧全长55千米，桥面为双向六车道高速公路，设计速度为每小时100千米，总投资1269亿元。港珠澳大桥因其超大的建筑规模、空前的施工难度以及顶尖的建造技术而闻名世界。

港珠澳大桥的成功建成和运营，彰显了我国强大的经济与科技的实力，也是我国桥梁史上的一座里程碑。

清晨，我喜欢挽着父亲的手，幸福地漫步桥上，追寻南飞大雁的身影，倾听鱼儿嬉戏的乐章；傍晚，我倚在桥边，仰望苍穹，听父亲讲过去的故事……

桥，是中国快速发展的一个缩影。桥的变迁就是祖国强大的标志！

桥的美丽，离不开祖国的崛起。望着夕阳映衬下的桥，我感慨万千：此生有幸于您怀中，我的祖国！过去，无数英烈，为新中国的成立献出了宝贵生命；今朝，中华儿女为祖国的建设呕心沥血；新时代的我们，应继承革命先辈的光荣传统，珍惜今天的幸福生活，追求未来的美好生活，做新时代的好少年！

桥从过去的破旧不堪，到如今的巧夺天工，见证了中国从过去的贫穷落后到如今的繁荣富强。

祖国的辉煌，甜甜蜜蜜地流淌在每个中国人的心间……

待到格桑烂漫时

文/郑洁

满月,残秋,幽。

又是一年中秋,草草坐在砌得高高的柴垛上,看着满天星辰碎成点点斑驳,细碎的月光洒下一练银白,给这静谧的山村披上了一层薄薄的轻纱,空气里夹杂着稻花的芬芳,幽幽地让人心醉,草草远远地看着山那头灯火辉煌,想着妈妈在电话那头说:“草草啊,今年中秋我和爸爸就不回来了啊,在家要听爷爷奶奶的话,记住妈妈临走时给你说的话,要努力学习,将来要靠读书走出大山,不要像爸妈一样在城里下苦力,挣得也不多……”

“嘟——嘟——”的声音提醒着草草,妈妈早已挂断了电话,可草草舍不得放下话筒,眼里噙满了泪水,滚烫的泪,滑过冰凉的指尖,化作无尽的思念。草草再也忍不住了,仰望着苍穹,号啕大哭……

生在贫瘠大山的草草,从小就有一个梦想——那就是走出大山,去看看外面的世界,把自己所学的知识带回大山,用知识来改变山村的贫穷与落后,让更多的山里娃走到山外去。带着这样的梦想,草草从小就努力学习,成绩一直名列前茅。妈妈的一通电话,让痛哭一场后的草草更加坚定了自己的梦想,高中要去城里上学,早日和爸妈团聚。

“丫头啊,天凉,进屋去吧。”奶奶踉踉跄跄地走来。“奶奶,你说爸爸妈妈什么时候才会回来啊?”草草拭去眼角的泪痕,突然很认真地问道。“快了,喏,你看,后山坡那片格桑花,和你一样大哩,是你妈妈生下你时,为你种的幸福之花,等花儿开了,你爸妈就会回来了。”奶奶指着屋后的山坡,眼中闪烁着晶莹的泪花儿……

进了屋,爷爷跷着二郎腿,叼着大烟袋,露出被烟熏得黄黑的牙齿:“草草啊,我看干脆你就别去上学了,在家帮你奶奶多做点儿事儿,你奶奶腿脚也不灵活,家里的重活儿靠她一个人哪行啊,再说你一个姑娘家,读这些书来有啥用? 还不如以后找个好人家,吃穿什么都不愁!”“不! 我要上学,我要考大学,将来还要回来建设我的家乡呢,以后我再帮奶奶也不迟呀!”草草的眼中泛着泪花,用近乎颤抖的声音说道。爷爷看着这样的草草,愣住了,什么都没说,默默地进到里屋。

草草继续上学,开始期待格桑花开的那一天。终于,在一个初秋的早晨,天清澈得像一块通灵的蓝水晶,格桑花向着苍穹绽放出了它最灿烂的笑靥,骄阳一般艳丽的红色,成了这荒芜山坡上最亮丽的一道风景线。草草凝望着这漫山遍野的格桑花,小声地啜泣,但更多的是期盼,她相信幸福花开了,爸妈就会回来了,自己的梦想就能实现了。

可是没有,爸爸妈妈没有回来。

中考前一夜，草草坐在村口，望着来来往往的车流，没能盼回爸爸妈妈。黄昏一点一点吞噬了太阳的光芒，路上的车越来越少，人也渐渐稀疏了，但草草的眼中始终流露着莫大的企盼。她坚信，只要有格桑花在的地方，家就在，爸妈就在，梦想也在……

残月，仲夏，静。

“草草！”那是妈妈的声音。中考成绩出来的当天，爸妈从城里回来了。

他们提着两个大麻布口袋，裤脚上满是泥泞，穿着一双与他们年龄极不相称的球鞋，草草凝望着这样的爸妈：这个男人，一张宽大的脸被风霜浸染成了酱紫色，枯叶似的皮肤，下颌骨清晰可见，稀稀疏疏的胡茬儿仿佛很久没有修理过；那个女人，满头的青丝间挤满了密密麻麻的银丝，岁月这把无情的刻刀在她脸上刻出一道道皱纹，那双枯树皮似的手布满了硬邦邦的老茧，已经凹陷的指甲缝里爬满了泥垢。眼泪在草草的眼眶里打转，她张开双臂，与爸妈紧紧相拥……

这么多年，爸妈一直在城里工地上打工，繁重的体力活儿，粗糙的生活，让爸妈慢慢变老了，背也佝偻了，草草的心里酸酸的。爸妈的艰辛更加坚定了草草心中的信念：走出大山，将来用知识建设家乡，让大山里的父老乡亲们都能轻松、快乐、幸福地生活下去……

进了屋，一家人围坐在桌前，吃着粗茶淡饭，每个人脸上都洋溢着幸福的笑容。虽然今晚的月亮是一弯残月，不甚圆满，可草草的心里却是乐滋滋的，一脸的满足，只为这难得的相聚时光。

“妈妈，今晚我和你睡吧！我要告诉您一个好消息——我考上城里的重点高中了，暑假之后就去城里上学，就能天天见到您和爸爸了……”

“好啊，我的草草最有出息啦，妈妈为你骄傲，你要好好学习，将来考个好大学，不要像爸妈这样辛苦。”

“嗯。”草草抱着妈妈进入甜美的梦乡……

黎明咬破夜的唇，东方慢慢露出了鱼肚白，爸爸妈妈收拾东西又要走了。草草牵着妈妈的手，送他们到村口的山坡上，那一片格桑花顶着清晨的露珠，每一片花瓣都那么娇艳欲滴，在微风中摇曳着，和草草一道为爸妈送行。

返程的车渐渐远去，爸妈的身影消失在晨辉里，山坡上的格桑花却依旧烂漫……

格桑花盛开的地方，便是家；再待格桑花开时，就是草草携带梦想回到大山扎根的日子……

一雪一过客

文/王俊凯

夫天地者，万物之逆旅也；光阴者，百代之过客也。

——题记

陪我看雪吧，雪停人散，世间过客，江湖再见……

冷风袭来，带着银白色的窗帘舞动，把雪也散落进屋里，好似在告诉我些什么。我仰起身子，窗外，满是“应是天仙狂醉，乱把白云揉碎”的景象。我摸摸枕头，是湿的，长叹一口气，便把双腿从被褥里抽出，下床，用力把窗户合上，双手合一，搓搓手，再向手心哈气，我望着窗外的雪景，行人交错在其中，鼻子酸酸的……

“下楼去看看吧，这里有片海。”姐姐的声音从门边传来。

我从楼上下去，与妈妈擦肩而过。

“这孩子，怎么眼睛还是肿的……”妈妈的声音愈发细小。

我来到雪海，漫天飞舞的雪落在海边，我把双手插在衣服里，踩着细石沿着岸边走，边走边向前踢几颗，海鸥在我身边掠过，我看见前方的海岸边停着一叶小舟，舟上有位船夫。

“船夫爷爷，我想去海的那边看看，您可以载我去吗？”

船夫爷爷点点头，并没有说话。他戴上纯黑的帽子，眼神示意我上去。

我踏上小舟，向海那边望去，看不见尽头，只知道一切都是白色的，眼眸欲深陷其中……

上船后，我们没有出发，我看向船夫，发觉他正看着我，但一声不吭。

“哦！那边，我想去那边看看。”我手指向远方的那座山。

“爷爷不会说话吗？”我心里犯嘀咕。

树树皆银色，山山唯白头。

我立在舟上，小舟已经行了很远，我们似乎到了海中心，一望无际的海啊，回头看，我已看不清来时的路了。岸边银帘似的树一排排向我身后驶去，海风吹斜大雪，凌乱我的发，抬头看，天空中有些许海鸥飞过，我伸手想捧些雪，可没待我收集多点，它们便一一在我的手心融化了，但一切还是美得不可言喻。

“好美的雪景啊，我好像也没那么伤心了。”我看向爷爷，发现他的帽子上不知什么时候也堆满了雪。

“哈哈哈，爷爷，您的帽子……哈哈哈，变成黑白相间的了……”我心口没那么闷了，整个人都轻松了许多。

爷爷还是没有说话，只是停下船桨，把帽子拿下来，冲我笑了笑，他眼边的皱纹弯成月牙，慈祥极了，他用手将雪轻轻挥去了。

“看来爷爷真的不会说话呀……”

不远处的云雾拂过青山，银白的雪花点缀其间。

远处便是山脚下了，山脚的海岸边，也有一只小舟，舟上没有人，但桨还在。

“这青山，四季都被这雪覆盖吗?”我忍不住发问，当这问题快要石沉大海时……

“不是，只有在冬天的时候。”声音貌似是从爷爷那边传来的。

“嗯?”我猛地转过头，惊愕地看着他，双眼大睁。

“您……您会说话!”

他只是笑笑。

“小孩，你刚刚哭过吧。”

“嗯……”

这时候，我的思绪被拉回昨天。

“妈妈，我不想搬家，这里多好啊，这里有那么多重要的人，他也在这里，我不想和他分别。”我扯着嗓子同妈妈说话。

“妈妈也不想啊，但妈妈也没办法……”

我接不下去了，只好冲进妈妈怀里大哭。

思绪又被拉回，我半只腿迈进车里，回头看，孤寂的黑夜里，只剩月光照耀，长叹一口气，起身上车，关上了车门……

我把头倚靠在窗户边，车子渐渐带我远离这个地方，我通过车镜看见了一个身影，我立马摇下车窗，探出头，往后看，是他。

“再见啦!”他向我挥挥手，声音带着些许哽咽。

“再见……”我把手伸出窗外使劲挥舞，泪水在此刻涌上眼眶，肆无忌惮地洒落出来，爬满我的脸庞。

他的身影渐渐被黑夜吞没，我转身抱着姐姐痛哭……

想到这里，我不禁鼻子一酸，我不知道这一别是多久……

“小孩，你听说过‘青山不老，为雪白头’吗?”

我的思绪被拉回——

“嗯? 没有，那是什么意思啊?”

“雪降落于青山，将青山染成了素白。”

“这不就是它吗? 这么美啊!”我指了指眼前的这座山。

但转念一想，我不禁感叹:“可惜的是，青山守候了千万年，等来的却是终会消失的雪，一个过客而已。"

"青山也曾与雾和夕阳有过短暂且美好的相遇,但它不会后悔,因为它始终记得它们之间最美好的画面,这些对它而言足够了。"爷爷望着青山。

"嗯!"

到了山脚下,我走上岸边,仰头,向上望去,一束银花,满目雪白,洁白无瑕的青山占据我的视线,云雾缭绕,使人可望不可及,高高耸立在这天地间,似一位孤独的人,思考着什么……

"我们回去吧,"我转身对着爷爷说,"这里还有一只小舟,我们来比赛吧,看谁先回到起点。"

爷爷点点头,先一步划走了。

"爷爷,您耍赖!"我连忙踏上小舟,追赶爷爷。

"哈哈哈……"笑声掺杂在雪声中,放肆地回荡在海上,渐渐向远方飘去……

起点的轮廓愈来愈清晰……

我们终于回到了岸边,回首,雪花纷纷扬扬地下,心情也变得轻松起来,仿佛所有烦恼都被这洁白的雪覆盖,消失得无影无踪,与来时一样美好。

爷爷递给我一个锦囊,和我挥手告别。

我独自坐在岸边的铁椅上,忍不住再次眺望雪海:洋洋洒洒的雪、广袤无垠的海、银装素裹的树、匆匆忙忙的人……一时看得入了神,行人在我身边匆匆路过,我不想离开,只愿就这样,一个人,静静地看雪,看海……

雪下得慢些了,海风带着它们轻拂过我脸庞,我打开锦囊,是一张卡片,上面写道:

"同舟人,你好,我要离开这个地方了,在我离开之前我想告诉你:雪抓不住,雾总要散,都是风景,幸会……"

当我跑回小舟时,爷爷已经离开雪海了。

"爷爷,幸会!"我朝海的那边呐喊。

渐渐地,雪散了,我也该和雪海告别,踏上我的征程了,但我会将这次美好的相遇永藏心中。

雪、爷爷和我匆匆路过雪海,相约度过一段美好的时光,告别后,踏上属于我们各自的旅程……

蝴蝶飞不过沧海,枫叶红不过一生,天地是万物逆旅,光阴是百代过客,缘来缘去,大家都是过客,可是,我真的很珍惜我们的每次相遇。青山不会后悔遇见过雪,我也不会后悔遇见过他们。

时间不会在某一刻停止,世间的旅人不会在某一处停留,相约一段美好时光,在路口挥手道别……

芬芳桃李，氤氲花香

文/赵芮宁

阳光普照，园丁心坎春意暖；雨露滋润，桃李枝头蓓蕾红。

——题记

一个熟悉的身影伏在案边，时而冥思苦想，时而神情凝重，时而笑容满溢……

她是谁？为谁思？为谁忧？为谁喜？

她是我最尊敬的老师，最亲密的朋友，也是至亲的人。

她为莘莘学子而思、而忧、而喜。她被莘莘学子喻为黑夜的启明星，白昼的阳光，骄阳下的清风，雨中的屋檐……寒来暑往，春去秋至，多少个日夜，她都在用真情传播着智慧的火种，用爱温暖着每个孩子的心灵，为孩子们撑起了一片蔚蓝的天空……

一声“老师”，寄托了人们多少敬仰之意，又蕴含着学生们多少孺慕之情。在我的学习生涯中，也遇到了这样一位好老师——

她，长相平平，皮肤黝黑，脸上还有些许雀斑，说实话，我对她的第一印象并不完美，甚至不大喜欢这个老师。

但随着时间的推移，在点点滴滴的生活中，她在我心目中一点一点地改变着……

我是一个不太自信甚至很自卑的女孩，可我从小就有一个梦想：参加演讲比赛。原以为这是我初中阶段永远不可能实现的事，可就在开学不久，老师发现了我的爱好，并让我有机会参加“中华魂”演讲比赛。我十分珍惜这次机会，毕竟这是我人生第一次登台演讲。为了我的演讲，老师亲自帮我写演讲稿，并反复修改，甚至在初赛前一天，还拉着我的手，轻言细语地说：“孩子，放松心态，别紧张，老师相信你有这个能力，你会成功的……”她冲我笑着，那一刻，她在我心中已经不只是“老师”了，她仿佛是我慈爱的妈妈，是我亲密无间的朋友。

怀揣着老师对我的期待，我顺利通过了初赛。我把这个好消息第一时间与她分享，她像个孩子一样，笑得那么灿烂。备战复赛时，她手把手地教我演讲时的表情、动作、姿态……可惜的是，我在第二轮被淘汰了。为此，我伤心难过了好几天。是她，再一次来到我面前，而这一次，她比以往要严肃得多，“孩子，凡事要勇于尝试，结果并不是很重要，只是在这个过程中你要清楚你收获了什么。我记得你刚进校时，还是一个不太自信的女孩，可如今，当你站在舞台上，有勇气面对大家的时候，你已经成功了。尽管这次没能进入决赛，别灰心，有志者事竟成，下次再来，好吗？”我点点头，若有所思：是啊，看看曾经的我与现在的我，变化在悄悄发生，不知不觉中，自信的幼芽已在我的心坎上渐渐萌发。这一切都得感谢我的老师，她为我付出的点点滴滴，我都看在眼里，铭记在心中……

这是师生间的一次谈话，也是朋友间的一次交流。它，拉近了我们之间的距离，甚至改变了她在我心目中的形象——她，是我的恩师，我的亲人，我的挚友！

静静的黑夜里，昏黄的台灯下，老师正在不知疲倦地备课、批改作业。窗外，清风拂过，桃李盛开；花香如梦，氤氲浅绽于静谧的夜空中……

耕 牛

文/张玲梨

破领耕不休，何暇顾羸犊。夜归喘明月，朝出穿深谷。

——《耕牛》

黄沙漫天，田野稀稀拉拉铺展成一大片，其间早已冒出新生小草，埂边的几株蕨菜也露出了泛青的叶子。“吼！”耕牛被皮鞭抽打得露出一条条血痕，发出哀怨的呻吟，犁头好似千斤重，牛蹄抬得十分缓慢……

新春·耕耘

早春的二月，杨柳依依，泛起阵阵涟漪的湖面波光粼粼，莺歌燕舞，桑树抽出了嫩芽儿，黑蚂蚁雄赳赳、气昂昂地游走在农家院坝里，篱笆下的芦花母鸡依旧“咯咯”地闹个不停。

学校里也热闹起来，一批又一批学生前来报到。老师仔细地为每一位学生安排着床铺和座位，一派繁忙而有序的场面。新的学期，新的起点，班主任老师把自己所有的热情投进工作中，正热情洋溢地对刚入学的我们进行演说：“同学们，欢迎来到2017级6班，我是你们的班主任兼语文老师，希望大家在新的学期能团结互助，共同进步……”

她演讲完后翻开课本，给我们上了第一堂语文课。这一节课，大家似乎十分陌生，只是静静地听着。当老师提问题时，全班顿时鸦雀无声，面面相觑，谁都不敢站起来发言，教室如同一块荒草丛生的土地，没有一点生机与活力。她仔细地扫视了教室的每个角落后，点了一名女生回答。

那女生高高的，面色泛起一阵红晕，支支吾吾，不敢正视老师。忽然，一个声音传来，英语课代表A替她解了围，正确回答了这个问题。全班向他投去钦佩的目光，也瞬间点亮了每个人的心灯，大家七嘴八舌，踊跃发言……

新春之际，耕牛开垦出荒地，播下新生代的希望。

盛夏·守候

盛夏的骄阳炙烤着大地，蝉在树梢上闹个不停，同学们正在教室里奋笔疾书……

初二的日子很难熬，八个学科的作业堆成了一座山，山脚下的老师催促着，山顶似乎就是中考。每场考试几乎都是一个不可逾越的高峰，日子越来越近，我们却越来越镇定。

老师个子不高，面色苍白，仍遮掩不住刚做妈妈的喜悦。出院没多久，就亲自来学校监考。我心急如焚:还剩十分钟，试卷上还有五道题没做，怎么办？我心里仿佛有十五只吊桶——七上八下，倏然之间，我抬头瞥了她一眼：

脸颊泛起的红晕，眼神里带着慈祥，微笑时的两个迷人酒窝，好像触动了我。一霎时仿佛挣脱了束缚，大脑飞速转动，一切难题迎刃而解。只是好景不长，刚刚做题的思绪飘向了远方，剩下一个大题没做完。

虽然结局不能尽善尽美，但我已竭尽全力，内心无憾了。

这个盛夏，有耕牛的守候，我心已安。

深秋·收获

一个学期下来，终于要放假了，就差最后的期末测试，悸动的心跳，系好鞋带，准备起跑。

时间一分一秒流逝，汗水一滴一滴落下，笔杆始终没有停下，开学时的承诺，是时候兑现了。

曾经，你温柔地抚摸着我的额头，叮嘱我一定要好好学；曾经，多少次物理课上，你绘声绘色地讲解；曾经，物理卷上的低分深深扎进了你的心……

现在，我至少要为你的努力实现一个突破:交一份满意的答卷。考试终于结束了，我静候着考试结果。“93分！”小A激动地告诉我，我开心地蹦了起来。

深秋的我，收获了劳动的果实，感谢耕牛的付出！

严冬·离别

北风凛冽，树木萧然，大雁排起“人”字形，飞向南方。又要离别，大家泪水涟涟，依依不舍。

你站在教室门口，望着几个英语课代表，心里苦苦的。你曾说，他们是年级里最负责、最认真的课代表，班级的英语成绩有他们一半的功劳。他们是您的骄傲，如今要离别，你已言不由衷……

课上，你说“分离是为了更好的相遇”。同学们默默无言，但桌上已湿漉漉的一大片。

离别的严冬，耕牛的心灵深处结了一层厚厚的冰……

春去秋来，你们像耕牛一般坚守在田野里，辛勤耕耘，任劳任怨，培育了一批又一批祖国的花朵,为祖国奉献了炽热的青春,挥洒了满腔的热血……

如果说你们是耕牛,那么我们则是脚下的荒田,等待着你们的开垦。愿你们耕牛气魄永存!愿你们桃李满天下!

好韶光，赠与你

文/黄榕

若要分离，请允许我将这美丽的韶光赠与你。

——题记

六年的生活如春日刚刚融化的溪水，温情地流淌着。流过每个人的脚尖，流进每个人的心田，是花开的淡、雪落的静、炊烟的暖、月光的柔，而庆幸的是，我们一直相伴在这美好的日子里……

心事·桃花淡抹

“时间已悄然溜走，毕业考在即，你们也该好好想想接下来要选择怎样的路……”老师夹着成绩单走了。一时间，教室静默了，所有的人都陷入沉思……大家都在想选择怎样的学校，以后过怎样的生活，未来成为一个怎样的人。刚刚步入青春的我们曾以为，那些关于成长的责任离我们很远，就像云朵般遥不可及，可今天，我们怀着许多未知的期待与焦虑，思考着如何去面对。不知何时，一声“加油”打破了教室的沉寂，班上沸腾了起来：交流着感情，传递着思想，大家用最真挚的情感和最朴实的话语鼓励着对方。真的，我们长大了！

心事不再是心事，似桃花盛开，散发出淡淡的清香……

成长·悄然而至

“文文，我们要分开了，或许再也见不到了……”“没事，一定会再见的！”其实，我们都知道，这是不太可能的，世界那么大，曾经的几十个人在一个地方相聚的概率又会有多少呢？但是，即便心中再感伤，也不会让别人瞧见那不争气的泪光。因为六年来，我们在无数次的悲伤与挫折中学会了坚强，我们成长了！从前考试失败的哭哭啼啼，已沉淀为乐观面对的勇气；老师离去时的抽泣不舍，已转变成了一个微笑与承诺；毕业在即的感伤，亦转化成一声感谢与保重……

成长，悄然而至，可我们并不惊慌，因为我们坚信未来会更美好！

梦想·闪闪发光

“我呀，我想去一个叫稻城的地方，在那里晒着太阳，喝着柠檬汁！”大家围成一团，不知是谁突然引出梦想的话题。“我呢，就没有你那么‘高大上’了，我就想做一个白领，拿着稳定工资，过着小康生活。”大家望了望她，忍不住调侃了几句。正当大家热火朝天地讨论时，突然一个女生抱住我们，“我有一个非常非常伟大的梦想，就是希望我们将来还能相见……”大家彼此望着，泪眼婆娑，好窝心的话语，好伟大的梦想！

只要心中有梦，学习就有动力，生活就充满希望！

在梦想实现的那一刻，别忘了感激一下曾经的同窗，是他们给了你无穷的原动力。

2011，我们怀揣着最初的梦想，接受了最纯真的脸庞。

2014，我们常围坐在一起谈心，分享着属于我们的秘密。

2017，我们友善地提醒对方，该让我们的梦想起航了……

离别在即，无物可赠君，只有这韶光，静默却温柔的韶光！

红旗下的赤子心

文/刘雨

你见过什么样的中国?

是960万平方千米的辽阔,还是473万平方千米的澎湃?

是“国破山河在,城春草木深”的坚定?还是“只解沙场为国死,何须马革裹尸还”的忠贞?

展望这片朝夕相处的土地,一点一滴,都将迸发出生命的光芒……

忆往昔

“雄关漫道真如铁。”

19世纪末世界掀起瓜分中国的狂潮;20世纪初,中国内忧外患,风雨飘摇——西方列强称中国人为“东亚病夫”,封建帝制与军阀混战让国家支离破碎;屈辱和不公曾压弯中国人的脊梁。

中国,这个庞大而倔强的国度,一步一步,在炮击和蔑视中蹒跚却坚定地站立起来了。争取民族独立,实现国家富强成为那个时代赋予青年的责任,1919年,轰轰烈烈的“五四”爱国运动发出了中国青年救亡图存、振兴中华的时代最强音……

从“为中华之崛起而读书”的周恩来,到冰天雪地里与敌人周旋8年的杨靖宇;从在刑场上高唱“我是中国人”的吉鸿昌,到面对酷刑坚贞不屈的江竹筠……一颗颗赤子心共同奔赴在民族独立的道路上,一个个年轻的生命在动荡的时代抛头颅、洒热血,千千万万忠贞的英魂祭奠这片辉煌的土地……终于在时代的见证下,1949年10月1日,天安门广场上第一面五星红旗冉冉升起——那抹鲜红,是烈士的血液;那首激昂的《义勇军进行曲》,是英雄的忠贞。

从此,一个强大的民族屹立于世界的东方,中国人民站起来了!

看今朝

“人间正道是沧桑。”

习近平爷爷说“青年兴则国兴,青年强则国强”。自改革开放以来,中国发生了翻天覆地的变化,民族复兴成为每一个中国人的梦想,时代赋予了新一代青年新的责任。于是,红旗下追梦的青年，怀揣着一颗赤子心，踏上了新征程……

在殿堂和田垄之间，你选择后者，脚踏泥泞，俯首躬行，在荆棘和贫困中拓荒。洒下的汗水是青春，埋下的种子叫理想。守在悉心耕耘的大地，静待收获的时节。他，秦玥飞，2016年感动中国十大人物之一，耶鲁大学的高材生，千千万万中国农民的儿子。

秦玥飞认为中国农村更需要年轻人去建设。这位质朴的青年带着他的决心，踏上了漫漫的征程。他和农民一起探索致富的道路，不断改善农民的生活质量，创立了“黑土麦田”公益组织，鼓励更多有梦青年加入他的梦想。原本可以过上舒适安逸的生活，秦玥飞却选择帮助更多的贫困农民一起过上好日子。我不知道秦玥飞这条路走得有多艰难，也不知道他曾经遭受过怎样的质疑，但从他坚定的目光中，我看到的是他的决心。

梦想，就是他的底气。

望未来

“长风破浪会有时。”

时代赋予青年以责任，时代的荣光属于青年。当轰-6K战机在西太平洋留下中国航空的航迹，当中国高铁成为我国外交的一张亮丽的名片，当“一带一路”成为中国梦与世界梦交汇的桥梁……辉煌的中国正以和平的方式迅速崛起。与此同时，时代赋予了我们新的责任。我们站在红旗下，带着一颗赤子心，踏上属于我们民族的富强路……

没有哪一代人的青春是容易的，但每一代人的青春都是大有可为的。我们是时代的骄子，更是历史的创造者，梦在远方，路在脚下。我们脚踏实地，奋力拼搏，未来会怎样我们不知道，但我们是一群新时代的热血少年，一定不会辜负习爷爷的嘱托，勇做时代的弄潮儿。

今天，中国是我们的骄傲；未来，中国将因我们而自豪！

鲜艳的五星红旗飘扬在祖国的蓝天下，激昂的国歌声响彻于我们的耳旁。每一个有梦的中国人，在五星红旗的引领下踏上追梦的征程。少年勤学，青年担当。新时代的弄潮儿，怀揣着一颗赤子心，接过中国梦“接力赛”的关键一棒，青春起航。我们有理由相信，未来的中国，将会如每一个青年所希望的那样，绽放最靓丽的容颜！让国人动容，令世人震惊。

赤子之心，志存高远，脚踏实地，勇往直前。诚然，你也当如此。

咸鸭蛋

文/周彦博

一个普通的咸鸭蛋，见证的却是祖国的大发展……

咸鸭蛋·爱

“怎么又是咸鸭蛋？我都快变成鸭蛋了，”我嘟着小嘴，气呼呼地说道。

“孩子，现在你最讨厌的咸鸭蛋，可是你爸爸我小时候的最爱。”父亲望着我，思绪飘回到那段艰苦的岁月，娓娓道来：

“小时候，家里条件不好，妈妈在自家养了七八只鸭子，我每天放学回家就赶着鸭子们去池塘。坐在池塘边，看着鸭子们在水里尽情地嬉戏，我就在心里默念：小鸭，小鸭，你们快快长大，我等着你们下蛋给我吃。几个月之后，鸭宝宝终于长大了，一个个鸭蛋也下出来了，我高兴得手舞足蹈，心想：总算可以吃鸭蛋了。妈妈却说，现在还不行，我要把鸭蛋放进瓦罐里浸泡半个月，到时就可以吃到有盐有味的咸鸭蛋了。从妈妈把鸭蛋放进瓦罐那天开始，我就掐着手指计算日子，十五天过去了，我迫不及待让妈妈给我煮鸭蛋吃。我把煮熟的鸭蛋，小心翼翼地护在手心里，轻轻地剖开蛋壳，贪婪地嗅着鸭蛋的醇香，慢慢咀嚼着它的芳香，感觉这就是人间的美味，世上的佳肴，渴慕天天能吃上一个咸鸭蛋。”

父亲接着说道：“改革开放的初期，中国广大农村依然贫穷，农民的生活水平仍然低下，像咸鸭蛋这样平常的食物，在当时也是一种奢望，不可能顿顿能吃上，所以，我对咸鸭蛋情有独钟，喜爱有加。”

我知道，父亲爱咸鸭蛋，其实是不忘那段艰苦的岁月。

咸鸭蛋·弃

如今，改革开放几十年，中国经济突飞猛进，人民生活蒸蒸日上，我们的餐桌上出现了琳琅满目的食品：各色海鲜、猪牛羊肉、鸡鸭鱼肉琳琅满目，还有中西糕点、地方小吃、新鲜时蔬……应有尽有，极大地丰富了现代人的餐桌。

爸爸告诉我，他上大学的时候，奶奶给他煮了几个咸鸭蛋，就当是路上的零食了。去年，我姐姐上大学，全家总动员，开车送姐姐去学校。一路上，我就分享着姐姐的零食包：五颜六色的包装，各式各样的品牌，应有尽有的口味，有见过的，也有没见过的，这么多的零食看得我眼花缭乱，垂涎欲滴，心想：上大学真好！可以尽情地享用美味零食。我翻遍了姐姐的零食包，没有找到任何蛋类的踪迹，更不用说土制的咸鸭蛋了。

是呀，改革开放让日子越过越红火，咸鸭蛋早已不是稀缺的“奢侈品”，而是作为寻常小吃出现在我们生活里。如今人们追求的，不仅是美味可口的佳肴，更注重养生，吃的都是更加绿色健康的食物。

咸鸭蛋·悟

新的时代，新的生活。咸鸭蛋不再是长途行囊里的珍贵寄托，却以新的身份（如真空包装的非遗美食）出现在超市货架上。我们在回味咸鸭蛋承载的岁月记忆时，也为祖国经济的腾飞而自豪，为人们生活品质的提升而欣慰。

新的起点，新的征程。咸鸭蛋的经历告诉我们：时代在变化，经济在发展。作为新时代的我们，必须牢记使命，不忘过去，艰苦奋斗，站上新起点，踏上新征程，朝着习爷爷美好生活的愿望砥砺前行，去开创祖国更加美好的明天！

一个普通的咸鸭蛋，是祖国蒸蒸日上的缩影，祝福我们伟大的祖国明天更加富饶美丽！

那枚徽章

文/吕欣语

毛主席的公正无私深深地刻在了我的骨子里……

斜坡上的杂花野草，谁说不是一草一千秋，一花一世界呢？

“欣欣——”已有一年未归家的外公，悄咪咪地走进房间，我被外公吓了一跳。

“外公与我一起去找外婆吧？”“好。”拿了把伞，踏出家门。

“外面雨大，和我回家。”外公想去拉外婆的手，可外婆甩下脸子，便拉着我走了。“外婆这是怎么啦？”我仰头看着外婆。外婆没回答。那是一场浸入骨髓的雨，一寸一寸地褪去春的绿衣，倦怠了的花蕾悄然凋谢，但雨仍旧不停……

饭桌上，一丝怪异的氛围在我们之间弥漫，埋头吃饭的我也看出了不对劲，当我戳了戳旁边的二舅，正想说什么时，外婆“砰”的一声把筷子甩在桌子上。

“我不同意，放着好好的大学不上，非要让他去当兵，你自己想去，你就自己去吧，不要回来了，别把儿子拉去。”外婆甩下筷子后便走了。

“外公，你是不是要离开我们，还要把二舅带走，我不想让你们去，你们不要去好不好？”外公温热的大手抚摸着我的额头：“欣欣，一代人有一代人的担当，过往几代，皆以梦为马，以铁肩担道义，以不断探索中华之未来的脚步，铸就了如今这伟大的时代，国家现在正是缺人之际，军民团结如一家，试看天下谁能敌，即使他只有一人，但他身后仿佛有百万雄师，欣欣，你要明白这个道理，再说了，外公和二舅去了就可以给欣欣拿到漂亮的徽章了。”

外公最崇拜的便是毛主席了，他说毛主席在国家危难时并没有顾小家而舍弃大家，在抗美援朝战争时期，毛主席将儿子毛岸英送上战场，即使最后得知儿子牺牲的消息，他也强忍泪水。外公喜欢毛主席，敬仰他的大公无私精神，我也会学习外公，永远把大公无私铭记心中。

外公和二舅走啦，外婆每天安静得没有一句话，汗水混着泪水滑落，她依然面朝黄土背朝天，日子就这样一天一天过去。

窗外的梧桐叶渐渐泛黄，一阵风吹过，树枝微动，树干却仍巍然屹立，这颜色好像给予了它点缀，又仿佛在暗示时间的流逝，外公给家里面寄了一封信，说二舅跟着外公成长了不少，再有两个月就可以归家了。

6月30日，今天是外公和二舅归家的日子，外婆虽然嘴上不挂念，但早早就带我去火车站等候了。从日出等到日落却只等来一纸调令——二舅随外公去了抗洪前线。直到新年将至，等来的不是团聚，而是二舅牺牲的消息。

新年的饭桌上，没有以往的热闹非凡，没有了二舅的笑话少了许多乐趣……

那年，二舅为了抗洪抢险，主动请缨，可这一去再也没有回来，当有人回来报告给外公说洪水止住了，但二舅因为救村里的一个孩子而被洪水卷走了时，外公哽咽了，泪水在眼眶打转，但他依然坚持指挥着村民撤离。

那年，外公的确给我带回来了一枚徽章，可它好沉重啊，心里仿佛被无形的大石压住，嘴巴不停地颤抖，脑子一片空白，我内心的痛苦无法平息，只有一阵阵徘徊不定的脚步，涌动出我难以平息的情绪。

那以后，外公整日郁郁寡欢，最后也离我而去了，不久后外婆也跟随外公去了“仙境”。

每当妈妈问起我有什么梦想时，我总会看着外公的黑白相片说：“我想当兵，想成为像外公和二舅那样的人。”

毛主席大公无私的光辉，二舅的那枚徽章，像漫过山岭的薄雾，像和风从静谧的世界里带来的夜曲，像朗照溪水的月色扑面而来，燃起了我心中的光……

伟人之思，装点我春

文/汪念婷

微光乍泄的晨日里，泛舟湖上景。自寻那光辉，邂逅那抹春色……

桌前·俭

“一粥一饭，当思来之不易；半丝半缕，恒念物力维艰。”

“风露澹清晨，帘间独起人。”微风不燥，常于耳边窃语，诉天地之阔。叶也舞动，吹着晨露的颂歌；欲坠的晶莹中，我见那芳华。

书桌前，微风翻开了泛黄的书页，书卷的芳香溢满于心。醉心于此时，奶奶拿着一件旧衣，缓缓而坐。我停下了翻书的手，投去好奇的目光，奶奶望了过来，向我慈爱地笑着，不紧不慢道：“这旧衣服是偶然看到的，瞧，还破了几个洞呢，有点乞丐装的意思吧？”闻言，我们都哈哈哈地笑起来，欢乐的氛围萦绕在这个清晨。

欢笑后，奶奶戴上了老花镜，不知从哪处又变出了针线来，我大抵知道奶奶要做什么了，打趣道：“乞丐装还补呀？”奶奶嗔了我一眼，伸手就要朝着我的脑袋拍下去，但最后，头顶只多了一抹温暖。奶奶摸着我的头，温声道：“衣服只是破了几个小洞罢了，缝缝补补不就又变成一件新的了？浪费不好，节俭造就了生活的乐趣。一代伟人毛泽东先生，在生活中就处处节俭，他在节俭中找到了无穷的乐趣。我打补丁的过程，何尝不是在创作一件艺术品，造就生活的乐趣呢？”我会心地点了点头，奶奶的笑容，绽放在春日的暖阳里……

晨光中，奶奶专心致志地缝补手中的旧衣，节俭，原来如此有意思。我想，我也应该学着毛泽东爷爷身上的节俭精神，像奶奶缝补旧衣服一样，去创造我的乐趣。再抬眼，我与春光相遇，方才的暖意仍存，甚更浓。

节俭，让我与春不期而遇……

残垣·坚

励志“天行健，君子以自强不息。”

“飞花轻似梦，无边丝雨细如愁。”细雨蒙蒙中，沉醉于雨水落在地面的鼓点上，回忆着老师所讲的课文，毛泽东爷爷身上所具有的自强不息的精神，我却懵懂不知其深意。

撑着伞，走过一片残垣断壁的墙角时，却见那片片的新绿。凑近了瞧着，原是一片青苔，正顽强地从墙缝里探出头来，冒出点点盎然的绿意，然其中，也夹杂着些许的花白，是它在雨露下的盛放，我想，“苔花如米小，也学牡丹开”——说的就是这吧。我蹲了身子，细细地瞧着这狂风中的勇士，它盛放如此的花朵，便是最好的勋章了吧。我看着它，在风中，如闪烁的流萤微光，在春雨中织就了一片朦胧的璀璨星河。青苔，是微小的，但它却以自己的方式努力地活着，绽放芬芳，我想，它很好地用自己的方式，向我展示了自强不息的真正内涵。

残垣中有盎然的绿意，绝境中亦有不灭的顽强意志。谢过了青苔，转身告别了这充满感动的雨，心中早已雨过天晴……

自强不息，让我于春日泛乘这滚滚长河中……

窗外·盎

“修学好古，实事求是。”

“等闲识得东风面，万紫千红总是春。”春风不曾驻足我的窗前，春光却装饰了我的梦，在心底盎然。

嬉闹声在窗外愈发地近了，将我从难题中拉回思绪，抬眼望去，是我的伙伴们，大抵是来找我玩的。

“快下来玩，我们去公园那边！”我循声望去，是平常玩得较好的一个女孩子，我有些犹豫，看着眼前解了一半的难题，犯起了难。直至她跑到我的跟前时，我依旧无法作出选择。“快出来，在干什么呢！”她再一次唤着我，对上她真挚的眸光，我倒有些难以拒绝的意味了。她踮起了脚尖，看到了我解了一半的题，了然道：“我还以为是什么呢，这题你都写这么多了，随便写个答案上去不就好了，纠结什么，快出来玩！”“不了，我不想半途而废，况且，解题也好，做事也罢，都应该有实事求是的精神原则，怎么能囫囵吞枣？”我坚定地答道，女孩怔了会，恍然道：“好，我明白了，那我等你。”对上了她眸光里流转的真挚，我有些动容。

阳光的影子渐渐偏斜了，在书页上挑逗着，微风拂过脸颊，送来了和煦。解完题后，我们自由地在公园玩乐，收获一片欢声笑语，盈盈暗香，以及，一份更为牢固的友谊。

实事求是，让我于春日里收获颇丰……

当春的颂歌再次回响在广阔之野时，这三颗精神的种子已由春风播撒在这片沃野里，终成参天之林，筑起精神的长城，这就是毛泽东精神。它是风雪所不能摧残的，是立于世界之林的不倒丰碑……

当春雨蒙蒙时，甘霖将于心中润泽这精神的沃土。春天，我早已遇见……

三颗螺丝钉

文/周倩羽

全心全意地为人民服务,一刻也不脱离群众。

——毛泽东

毛泽东同志提出的“全心全意为人民服务”的思想作为党的根本宗旨,人民世世代代的依托……

曾祖父·红螺丝钉

毛泽东在《为人民服务》中写道:“一切从人民的利益出发,而不是从个人或小集团的利益出发。”

战火纷飞,灰尘四起,战争开始了……

曾祖父所在的部队遭遇敌人的猛烈炮火,士兵们纷纷躲避,战局陷入僵持状态,曾祖父心里默默念着:这一仗是解放家乡的关键一战,打赢,全中国老百姓都能过上安稳日子!我们就要为人民服务,为人民无私奉献,连生命一起。曾祖父毫不犹豫地冲向前线,用自己的身躯挡住了敌人的数颗子弹,为战友们争取了宝贵的时间。后面的小兵们,看见曾祖父如此英勇,纷纷上前与敌人拼个你死我活,誓死拿下这片地区。可曾祖父却躺在了血泊之中,临死前,手里还紧紧攥着妻儿的照片,脸上挂着欣慰的笑容,然后永远沉睡了过去……

明明曾祖父马上就能回家常伴在妻子儿女左右,可他却为了国家,为了人民,献出了自己宝贵生命。

曾祖父是一颗默默奉献的红螺丝钉,在战场上,他用生命诠释了什么叫无私奉献……

祖父·橘螺丝钉

20世纪70年代,我的祖父,还是个刚成年的小伙子,可他却义无反顾地当起了送信员……

不必说荡漾的春风,也不必说四月的暖阳,单是氤氲在空气中的牡丹花香就足以让人心驰神往……这是个万物复苏的季节,人们都爱犯困,可祖父每天早上准时出门,背着沉甸甸的包裹，穿梭在繁忙的街道上。这天，他遇到了一个头发花白的老奶奶，老奶奶手里拿着一张信，焦急地看向四周，好像在寻求帮助。祖父看到，说："老奶奶，你有什么需要帮助的吗？""我给我儿子和女儿写了信，却不知道该如何寄出去。""奶奶，我教你怎么寄信吧。""好，谢谢小伙子，我儿女双全，他们却不经常回来看我，只有我给他们寄信咯。"祖父听了，面露难色，不过很快重新带上了笑容，说道："奶奶，现在年轻人都很忙的，新中国成立初期，年轻人都出去努力工作，建设祖国了。不过他们一定会抽出时间回来看您的，地址已填好了，我帮您送到邮局吧。"祖父搀扶着老奶奶去邮局，他们一路上有说有笑……祖父心里想着："这就是父亲说的为人民服务吧，我要热心帮助这世间需要帮助的人！"

祖父是一颗尊老爱幼的橘螺丝钉，谨记父亲留下的宝贵精神——全心全意为人民服务。

父亲·绿螺丝钉

我的爸爸是一名普通的公务员，每天都忙碌于烦琐的工作。

夏日炎炎，蝉鸣不止。爸爸站在街头为行人发着弘扬为人民服务精神的传单，他的额头上已经渗出了豆大的汗珠，但他依然坚守着，他从不说苦，从不喊累。我问爸爸："你这么做，不累吗，你不觉得无聊吗？"爸爸却说："孩子，为人民服务，怎么会无聊呢，这是我应该做的，再苦再累也是快乐的。你知道我们家那块匾额什么意思吗？""是'为人民服务'那一块吗？"爸爸点了点头，随即说道："为人民服务是我们家的家风，这是你曾祖父流传下来的，我们家每一代人都要有这种精神，我们要紧跟党的步伐，谨记曾祖父的教诲。"我心里感到非常自豪，有一位为人民谋幸福的好爸爸。

周末，我陪爸爸去社区做义工，我们为社区的老人们讲故事，聊着日常。爸爸耐心地倾听着老人们的诉说，为他们解决问题，让他们感受到社会的温暖。我看到老人们脸上的笑容，心里也充满了喜悦，充满了自豪。爸爸告诉我，为人民服务不仅仅是为他们提供物质上的帮助，更重要的是给予他们心灵的慰藉。

爸爸是一颗无私奉献的绿螺丝钉，全心全意为人民服务！

三颗螺丝钉，虽渺小不起眼，但三颗螺丝钉的精神却在我们家每个人心中扎下了根，定将代代相传……

那棵李子树

文/孙浩峰

爷爷院子里的李子树陪伴了我的童年……

枝头挂满了饱满的李子,我和爷爷在树下沐浴着温暖的阳光,给我讲述了毛泽东的故事……

勤俭·节约

勤俭节约一直是我们家的优秀家风……

秋意正浓。我站在李子树前,望向田野金色的麦浪,看着父亲忙碌的身影,我想今年肯定大丰收。我不由自主地笑了。吹着微风,我享受着李子带来的甜蜜。

突然,嘴里有种苦涩的感觉。我定睛一看,这李子还是青色的,好难吃！我二话没说一甩手就扔在了地上。爷爷看见了,立马走过来弯腰把地上几颗没熟的李子捡了起来,用衣角小心地擦拭着灰尘,生气地说道:“孩子,你为什么要把好好的李子给丢了呢?”“这李子很酸,我吃不下去。”我理直气壮地说着。“你们这些孩子,真是娇生惯养,平时衣来伸手,饭来张口,不知道什么是节俭。人家毛主席都勤俭节约,与战士同吃同住,不搞特殊化。在中南海睡的是硬木头床,里面穿的衣服也是打补丁的,我们有什么理由浪费啊!”听了爷爷的这番话,我羞愧地低下了头,这时父亲也走了过来,手里还攥着几粒谷子:“你爷爷说得对,‘一粥一饭,当思来之不易;半丝半缕,恒念物力维艰’我们都要有节约的好习惯。”我连忙说道:“我知道了,我一定不会浪费了!”说罢,便一把抢过爷爷手中的李子继续吃了起来……

勤俭节约的精神,爷爷传给了父亲,父亲传给了我。我们都继承了毛泽东这种节俭的精神……

刚健·自强

“宝剑锋从磨砺出,梅花香自苦寒来。”毛泽东不畏困难,艰苦奋斗……

阳光透过淡薄的云层,洒在院子里,我慵懒地趴在李子树前的桌上,盯着不会的作业……

“小树啊,小树,你为什么不用学习？学习太难了,你能不能帮帮我啊?”我对着李子树喃喃道。爷爷看我无精打采的,就走过来问道:“孩子,怎么这么没精神啊?”“爷爷,现在的作业太难了，根本就做不出来啊！"我向爷爷诉苦。"做任何事情都会觉得苦，觉得累。种粮食不苦吗？收麦子不苦吗？""可是这个不是单单劳累就能成功的啊，尝试许多次都错了。""那就继续尝试呗。中国在面临发展创新问题时，毛主席就要求大家独立自主去探索，鼓足干劲在发展的道路上摸爬滚打，不断探索，最终也成了科技强国。既然尝试一万次不成功，那就尝试第一万零一次！"爷爷的话鼓舞了我，我再次投入计算之中……

"世上无难事，只要肯登攀。"是毛泽东自勉的话，也勉励我们不要遇到困难就气馁，要靠自己不懈的努力去战胜一切困难！

宽容·大度

毛泽东严于律己，宽以待人……

那年，我和同学一起在外玩耍。突然，天变得黑压压的，下起了雨。因为同学家太远了，所以我带同学到家里避雨。桌上摆着一盘李子，是我早上精心挑选的。到家后，我先去跟爷爷回了个话，同学就在外面坐着。我出来的时候，同学已经拿着我的李子吃了起来，我见了有点生气，连忙把李子抢了过来，还厉声说道："你为什么要吃我的李子？""我尝尝怎么了？"我顿时火冒三丈，我的凭什么给你？爷爷听见声音急忙走了出来，我把事情的经过告诉了他，爷爷却淡淡一笑，说道："你是愿意多一个朋友，还是愿意多一个敌人呢？"我不解地看向他。"傅作义曾为蒋介石效力，但毛泽东不计前嫌委任傅作义为水利部部长，解决了许多水利问题，化敌为友是上策！"我懂了爷爷的意思，转过身去向同学道歉，我们又是一对形影不离的好朋友。

就这样，我度过了我的童年，且每个片段都有李子树的参与。

正是因为有了毛爷爷的这些伟大的精神，才有了今天这个顽强不屈的伟大民族！我们应该铭记毛爷爷，并将其伟大精神发扬光大……

来年，爷爷家的李子树又将冒出新芽……

三代人的集市

文/赵俊龙

清晨,泛着鱼肚白的天空薄雾冥冥。鸡还没有叫,但人们已经收拾好行囊,挑着沉重的担子赶集去了……

集市·希望

清晨的阳光,照在集市上,洋溢在人们的脸上,格外美好。当时,集市就是爷爷那代人生活的希望。全家的收入来源,也就靠赶集卖的那点蔬菜和粮食。爷爷也就是通过小买卖抚养五个孩子长大成人,供他们读书。那时家里的经济十分拮据,但爷爷奶奶一定要供出读书人来,于是就拼了命地种粮种菜,挑着这些东西,步行几十里的山路,到小镇上赶集去。

爷爷说当时去赶集极其不方便,挑着蔬菜,走着山路,稍有不慎就会摔一跤,损失比卖菜赚到的钱还多。当时的集市东西种类很少,猪肉一般是过年才有,平时集市上卖的粮食也只是些玉米、红薯。那时,能顿顿吃上米的都是些大户人家,普通人都是吃粗粮长大的。集市上别说是小轿车,就连自行车都很少能见到。爸爸说他儿时的梦想就是能骑上一辆自行车去赶集……

集市就是那时人们的希望!

集市·梦想

爸爸的梦想很快成真了。改革开放以来,科技在迅速发展,人们的收入也越来越高。自行车,甚至摩托车都进入了普通百姓的生活,爸爸也如愿以偿,得到了一辆自行车。骑上自行车去赶集,爸爸甭提有多高兴了,脸上洋溢的笑容向我展示着那段欢乐的岁月,梦想在人们心中闪闪发光……

不久,爸爸工作了,用自己的积蓄买了一辆摩托车。爸爸用摩托车载着爷爷去赶集,风呼啸着,吹过爸爸的脸,掠过爷爷的身,他们的脸上久久洋溢着笑容……

集市也变得更加繁荣了,老旧的集市竟重新装修了,搭上了板棚,刷上了漂亮的油漆。原本寥寥无几的货架上,如今琳琅满目,货物应有尽有。来购物的人翻了一倍!这可不像我印象中的集市,叫商业街或许更名副其实吧。

集市上还开了一家电器店，给我们的生活带来了便捷，洗澡有热水器，洗衣服由洗衣机代替，柴火灶也变成了燃气灶，原来的煤油灯昏暗又不安全，现在家家户户都装上了电灯，明亮又方便，让人们过上了梦想中的富裕生活，这就是科技带来的成果！

集市实现了这代人的梦想。

集市·神话

“叮叮叮！叮叮叮！”好友又给我发消息来了。我不禁感慨，手机真是方便啊！科技发展如此迅速，生活变成了父辈想都不敢想的模样。原来人人都想拥有的千里眼、顺风耳，现在一部手机通通都可以做到。我们可以隔着千里给亲人打一个视频电话，就好像面对面坐着一样；只需要看看新闻就能知晓天下事，真正做到了“风声雨声读书声，声声入耳；家事国事天下事，事事关心。”

伴随科技的快速发展，集市的使命也在发生改变——原来我们买东西必须出门，到指定的集市上去，而现在，我们只需打开手机里的购物软件，足不出户就能买到所有的东西，网上购物不仅方便，有时价格比实体店还便宜，款式和种类更是不用说。

不仅如此，网店的发展更为人们提供了商机：一些在本地卖不出去的商品在外地却备受欢迎，人们可以借助网络平台把商品推销出去。爸爸在工作之余也做起了徽商，我们就凭着微店，买上了小轿车！这是原来我们都不敢想的事。

科技正将过去的所有神话变成一个个现实。

三代人的集市，从简陋到完善，从梦想到现实，科技让集市发生了蜕变。

科技与集市一路相随，我们迈步于集市，奔跑在科技强国的康庄大道上！

鸭子成长记

文/汤静

王者以民为天,而民以食为天。

——司马迁

现在的鸭:“看看你的样子,长得也太慢了,像我,长得多快啊,用不了多长时间就可以成为一道美食。”

从前的鸭:“那又怎么样呢,比起你这样,我的生长才是符合规律的,肉质好,味道鲜美,绿色环保,喜欢我的人更多。”

鸭子们的对话引起了我的深思……

是呀,从前只关心吃不吃得饱,现在却要关心吃不吃得安全。看似平常的感叹,却给我们提出了不得不关心的问题——食品安全。在这高速发展的时代,食品安全成了每个人关注的话题,而且是容不得半点疏忽的大问题。

鸭子成长周期的加快,不知道这是不是违背了自然生长规律,毕竟物竞天择。可现在市场上有多少是饲料喂养的鸭子呢?有时候我也会感叹说:“现在的鸭肉都没有以前好吃了。”确实,现在的鸭肉,即使沾满了各种各样的调味料,吃起来也总是少了一些味道。以前在老家时,外婆每年都会养上几只鸭,那个时候最讨厌的便是一到傍晚就要去田间把鸭子赶回来,最喜欢的也是每逢过年外婆炖的鸭肉,与现在的鸭肉不一样,有一种我说不出来的味道。那个时候养鸭,是需要一年以上的时间,而现在的鸭子生长时间最多几个月。

民以食为天,而有些商家在利益的驱使下,把人们的健康抛之脑后,完全使用饲料喂养鸭子。

有人说,饲料喂养的还不是一样的吃,难道就因为饲养的而不吃了吗?我无可反驳,是的,我们怎么样都在吃,只是看吃得安全不,吃了对我们的身体有害不。

不仅鸭子如此,很多食品亦如此。

超市里各种各样的零食,让我印象最深的是鸡爪。电视上曾报道过鸡爪的制作过程,简直令人作呕,无法下咽。那时候,我就在想:既然是不安全的食品,又为何会出现在食品店里?后来,我知道了食品安全,知道了即使国家在严厉打击不法商品,也不免有人在挑战法律,挑战国家权威,而且在受到法律制裁之后还更加胆大妄为。这些不法商贩,应该受到法律的严惩!

食品安全,多么令人关注却又痛心的话题啊。从三鹿奶粉事件、渭南许某生产销售有毒有害食品案，再到西安汤某和马某生产销售假冒保健品案，乃至市场上屡禁不止的各种伪劣产品现象(均暴露了食品安全问题)。何其可悲啊！国家在快速发展，但少数不法商家的逐利行为却挑战着社会诚信底线——他们游走在法律边缘，为一己之私而伤大众之利，为一己之利而伤国家之本。

鸭子生长周期的缩短，带给我们深深的思索：从一年以上的时间到如今的四五十天，鸭子的飞速生长，其中必然少不了饲料的作用，可这样的鸭肉，即使满足了大众的需求量，能保证人们的饮食安全与健康吗？

“民以食为天，食以安为先。”

鸭子成长的历程告诉我们：食品安全，在现在这个越来越注重健康的时代不容忽视！

让饭圈文化“向阳”生长

文/周彦博

一段时间以来，伴随着文化娱乐产业的发展和媒介渠道的拓宽，以青少年为主体的“饭圈文化”受到人们的广泛关注。

追星本不可厚非，但没有底线地一味追星就成了严重问题。现如今，“饭圈”在平台和商业资本的操控和裹挟下片面追求“流量为王”，一些组织群体为了自身利益诱导青少年无底线追星，导致青少年在网上互撕谩骂、拉踩引战、刷量控评、不当消费，造成了不良网络文化和社会现象，也误导和侵蚀了青少年的三观。

饭圈文化不能杂草丛生，需要社会力量除除草，施施肥。一方面，粉丝要拒绝畸形的饭圈文化、理智追星，更要去追积极阳光、富有内涵的“星”。我们可以成为奥运赛场上体育健儿们的粉丝，去“追追”他们那股拼劲、韧劲和那份浓浓的爱国情。另一方面，明星作为公众人物，要带着粉丝向着“正能量”的方向行走，有的明星鼓励粉丝多读书、读好书，使阅读成为越来越多年轻人的习惯;有的明星带动粉丝学习中华传统文化，使传统文化被年轻群体熟知和传播。一个长期占据粉丝注意力的偶像，可能会挡住其开阔视野，使其失去自我，也可以为其打开大千世界的门，去感知生活的美好和生命的真谛。

让“饭圈”群体得到正能量的激励，引导其理性健康的消费，是当下教育者的使命。

还“饭圈”一片清朗，需要聚焦问题精准打击。近期，中央网信办深入清理涉粉丝群体违法违规和不良信息，目前已累计清理负面有害信息15万余条，处置违规账号超4000个。国家广播电视总局集中开展了为期一个月的“网络综艺节目专项排查整治”，并下发通知重点围绕网络综艺节目内容内涵、题材类型、评审投票、嘉宾人员、话题评论等关键环节提出管理要求。

还“饭圈”一片清朗，需要压实平台的主体责任。网络平台，特别是“饭圈”较为集中的网络平台应切实负起责任，进一步建立健全内控规则和制度，减少各类不合理的明星榜单，同时严格管理平台上一些助长歪风的营销号，主动过滤掉有害内容，处置不良信息。

还“饭圈”一片清朗，明星对于“人设”的真正追求应是返璞归真、找到自我，不断打磨技艺、沉淀修养、提升素质，走出一条更为纯粹的演艺道路。

还“饭圈”一片清朗，需要青少年踏实磨砺，顽强拼搏，发挥甘坐“冷板凳”的精神，努力学习科学文化知识，把个人理想根植于国家未来，主动承担科技强国的使命，为祖国的未来添砖加瓦，引领时代的潮流。

还“饭圈”一片清朗，让饭圈文化持续向阳生长，为粉丝传递正能量，培育健康的消费观，是当代青少年义不容辞的责任与义务。

邱奶奶的微笑

文/周彦博

脚下沾有多少泥土，心中就沉淀多少真情。

——题记

四月的清明，温婉而又清爽，我和家人踏青乡村，行走在家乡的田间小路上……

看着熟悉又陌生的路，感叹道："变化可真大啊！"小时候光着脚丫奔跑的泥路已不复存在，呈现在眼前的是平坦宽阔的水泥路。抬头望去，一座崭新的房屋矗立在前方。

"这是谁家的新房子呀！"

好奇心促使我加快脚步走向那座房子。还未走近，大门口坐着的老人微笑着向我们招手："你们一家子回来了啊。"

邱奶奶？怎么会是她？

她热情邀请我们进屋喝茶。坐在沙发上的我忍不住开口问道："邱奶奶，你什么时候修的新房子啊？""是这样的，一年前，我自主申请，村集体评议，政府派专人调查，拍照登记造册，审核公示后，政府审批了危房改造，帮助我建了新家。"

我四处张望着：白色的墙上挂着十字绣，桌上点缀着野花，水泥地面干干净净，家具崭新发亮，整整齐齐，虽没有豪华的装饰，却有着家的温馨和温暖，让这个孤独的老人有了居所，心灵有了港湾。邱奶奶的脸上多了一丝笑容，眉眼中透着光。

走出房屋，邱奶奶开心激动的神情和满脸的笑容都深深地刻在我的脑海里，挥之不去……

记忆翻涌着，我还是那个光着脚丫满身是泥的小女孩，可眼前的一切变了：邱奶奶独自一人居住在一个小屋里，屋顶的瓦片零零散散，泥糊的墙裂了几道缝，门前的台阶上长满了青苔。雨天，雨水沿着瓦片，钻进缝隙，滴答滴答地响着。黑暗的小屋里支着一张小小的木床，地上堆满了杂物，无从落脚。整个屋子黑黢黢的，只有透过瓦片的几束光照进屋里。邱奶奶经常一个人坐在门槛上发呆，眼中没有一丝光亮，脸上没有一丝笑容，愁苦的皱纹布满了这张饱经沧桑的脸庞。

而曾经的画面，却与此刻的温暖形成鲜明对比——

屋里邱奶奶爽朗的笑声将我拉回了现实，我的心中仿佛云开见日，孤独了大半辈子的老人终于有了自己的新家。邱奶奶做梦都不会想到政府会帮她修新房子，可如今却变成了现实，真的好高兴！

带着这份喜悦，走在乡间的小路上。田野处，蓝天碧水；空气中，清新香雅，回头遥望那一处白墙灰瓦，如醇香的美酒，余味绵长，弥漫在这清明之中，是那么熠熠生辉，那一砖一瓦，都是一份绵延悠长的真情。

我愿竖起大拇指，为这隽永淡雅的白墙灰瓦点赞！

危房改造惠民生，精准扶贫暖人心。没有国家“精准扶贫”政策的引导，没有县领导“扶贫工作”的落实，就没有这白墙灰瓦，更没有邱奶奶爽朗的笑声……

一砖一瓦 ，一枝一叶，心系百姓，温暖万家，我为祖国母亲点赞！

爷爷的帆布口袋

文/汪念婷

阳光下，那匿于墙角的帆布口袋，点燃心中的熊熊火焰，成为传递的火炬……

辉光·寻

“人间四月芳菲尽，山寺桃花始盛开。”灼灼桃花，难掩其华。春光于枝间徘徊，我见那未尽之春色……

风于窗外寻春佚失的诗篇，金灿的光越过重重繁密的叶于我窗前驻足，我正欲捕捉这美好一刹，光却悄悄走开了。循着光迹，目光停于墙角那不起眼的帆布口袋。不相称的补丁歪歪扭扭地缝补在两侧，岁月褪去了原有的色彩，灰尘为其裹上了厚重的衣。

这么旧的口袋，恐早已不能装什么了，为何还留在这呢？心底浮上了疑惑。

循迹·遇

心底浮着的石还未落下，半掩着的门忽而被推了开来，熟悉的面孔占据着我的目光，和蔼的面容下是不掩的沧桑。

爷爷面朝着我缓步走来，当他的目光停于那破旧的帆布口袋时，脸上有了动容的神色，拉起我的手，目光如炬……

踌躇良久，终是难掩心中疑虑，开口道：“这个破旧的布袋，对于您来说一定有什么特殊含义吧？”

爷爷缓缓弯下腰，微颤的手坚定地拿起了那破旧的布袋，轻轻拭去上面的灰尘，露出原有的颜色，晶莹的泪光于眼中荡漾……

往昔·忆

心似丝网，中有千千结。望着窗外，思绪如潮……

“天时怼兮威灵怒，严杀尽兮弃原野。”爷爷注视着手中的布袋，缓缓开口道：“年轻的时候，志无所依，想着能为国家和人民做些什么贡献也是好的，索性就参军了，日子虽苦，但心里总是甜的。我当时是队里的后勤人员，懂些医术，就帮着照料伤员，大家也都不嫌弃我笨手笨脚的……”谈及此处，爷爷脸上又多了几分愁绪，抚摸着布袋，顿了顿，继续言道：“这个布袋啊，是我自己亲手做的呢，手笨了点，没有那么好看，却能装下不少东西，往常都是装些赶路的吃食和绷带之类的，要装满了才好，不然背着不踏实。沉甸甸的，感觉肩上担的不仅仅是个袋子，更是一份责任。在那走不尽的黑夜里，它就像一盏明灯，指引着我，救我于茫茫激流之中，逆流而上……”

爷爷目光灼灼，心中有万言，却难以言说。

布袋虽小，却满载了爷爷的信念，是那无形的指向标……

流光·付

倦鸟于桃枝上安栖，花瓣随风而坠，伴着流光，一舞终了……

爷爷眼里泛起的水光，在眼眶里打转，却始终未落，风拂散了眼中的泪光。随后拉起了一旁的我，颤抖的手在此刻变得平稳，看着我，像是下定了什么决心；眼里忽而坚定了起来，拿着布袋，缓缓交付于我的手中，布袋里什么都没有，但于我却似千斤重。

“这个布袋，爷爷今天就交给你了，我想，它会是一个好的记录者！”说着，手落于我的肩上，露出了慈爱的笑容。

我拿起布袋，对着阳光，它好似焕然一新了——那小小的补丁，是时代的印记……

小小的布袋，并不结实，却因爷爷坚定的信念而变得无比牢固，承载着那个时代的重量，更是那生生不息的革命精神的载体，岁月痕迹随尘湮灭，而精神万古如新！

那布袋于光下熠熠生辉，接过布袋，铭记在心。它是如此灼热，在心底掀起波澜，我所接过的，是一份责任，一个待我传递的熊熊燃烧的火炬……

今年花胜去年红

文/章邱林

今年花胜去年红,可惜明年花更好。

——题记

夏天,当一切都变得成熟而又带着几分慵懒的时候,它带着狂热,顷刻间席卷了整座城市。偶尔刮起的夏风,扫过城市的每个角落,裹挟着袭人的热量。匆匆从烈日下飞奔过的人,也不忘抱怨几句:“这个天太热了,晒死人啦!”

关于夏天的记忆,就从这里开始……

爷爷和蒲扇

夏夜,晚风轻拂,悄悄地撩起我的衣角,繁星点点,调皮地眨着眼睛。我和爷爷坐在草地上,倾听着一池蛙声、遍野虫鸣,遥望着那缀满星星的夜空,爷爷感慨万千……

听爷爷讲,最让他怀念的是小时候母亲摇着蒲扇的清凉夏夜。一到晚上,低矮的瓦屋里闷热无比,蚊子的嗡嗡声让人心烦。于是,大树下、水井边就热闹起来了:大人们摇着蒲扇乘凉闲聊,驱赶蚊虫,女孩儿跳皮筋,男孩儿则捧着瓶子抓青蛙去……

那个年代,没有风扇,更不要说空调了。好在爷爷尚年少,带着几分稚气与调皮,在母亲摇着蒲扇的怀中,快乐地数着天空中闪烁的繁星。睡前听着母亲讲那过去的故事。而他,总会躺在母亲软软的怀中,在母亲柔柔的、好听的声音里入眠。夜静静的,恬恬的,不时传来几声蝉与蝈蝈的对唱,萤火虫飞舞着,在空中划出好看的光圈。年幼的爷爷则享受着母亲摇着蒲扇下没有蚊虫的一方净土,劳累了一天的母亲在夜深人静时,也停下了手中摇动的蒲扇,缓缓地闭上了双眼,进入甘甜的梦乡……

时光流转,转眼间到了我父亲的年代——

父亲和风扇

听爸爸讲,在他小时候,已经改革开放了。在炎炎夏日,最让他欣喜的是家中那台“吱呀吱呀”的电风扇。呼呼的风声,总能带走他一身的燥热。那个与同伴嬉戏打闹的年代,小孩儿们全身更是除了裤衩外,都裸露着,浑身光溜溜如泥鳅般的孩儿们诅咒着该死的天气。只有卖冰棍的老人满不在乎，豆大的汗珠从他的脸颊滑落，嘴里不断地高声吆喝着，“买冰棍喽！5分钱一支的冰棍！”心里巴望着天气再热一点才好哟。

爸爸在奶奶的责怪声中，用着吱呀作响的电扇，驱走了身上的燥热，平静了烦躁的内心。为了保护电风扇，奶奶还特意扯了三尺红布，给电风扇做了个外套，一有空就把本就一尘不染的电风扇擦了又擦。在电扇日复一日、年复一年地旋转中，不知在时光里转走了多少个年轮，新房变成旧屋，孤木变成树林，当爸爸的下巴长出细细的胡茬儿，电风扇已经不能供应人们的需求了。

时光荏苒，转眼间到了我这个年代——

我和空调

如今，蒲扇早已退出了历史舞台，被人们视若珍宝的电风扇也渐渐失去了昔日的风采，空调飞入了寻常百姓家。

夏日，天热得发狂，太阳刚崭露头角，地面就已经着了火似的，一层似云非云，似雾非雾的灰气，低低地浮在空中，使人觉得憋气。我躲进房间，打开空调，吹着凉爽的风，好不痛快惬意。那凉爽劲，那舒服感，别提有多畅快，日子是越来越美好了。

一天，爷爷来我家参观。见识了这么多的变化，不禁感慨起来：“就你们的脑子活，连这些东西也总翻新。”我笑着把一个便于携带的电扇戴在爷爷的脖子上，笑着说道：“爷爷，不是我们花样多，是如今改革开放，科技发达了，大家生活水平提高得快呀！您呀，也该享享福了。”一句话，让爷爷笑得合不拢嘴，满脸皱纹都舒展开来了。

科技就像给祖国插上了翅膀，让国家发生了翻天覆地的变化：星星点点的昏暗烛光，变成了一盏盏明亮的LED灯；一排排瓦房，变成了一座座高楼大厦；一条条泥泞的乡间小路，变成了宽阔平坦的阳光大道……

从蒲扇到空调的更迭，诉说的是中国科技芝麻开花——节节高的喜悦。

凉风习习，将夏夜的燥热渐渐拂去，遥望星空，繁星依旧闪烁。望着天空中忽闪忽闪的星星，我仿佛听到它们正窃窃私语，诉说着科技的无穷魅力，讲述着祖国的巨大变化，勾勒着宏伟壮丽的“强国梦”蓝图！

稻花香里述强国

文/周彦博

一阵秋风拂过，掀起层层稻浪，阵阵稻香窜入鼻息，勾起了我的思绪……

外婆虽年过八旬，但只要跟孩子们谈起稻谷，她精神矍铄，昏花的眼睛会突然明亮起来，“沟壑”纵横的脸上，难掩喜悦，写着满满的自豪……

秋天如约而至，时光正好，犹如成熟的稻谷，泛着金黄的色泽。本应该是秋高气爽，精神抖擞的日子，但年轻时的外婆却怎么也高兴不起来。眺望远方，一大片金黄的稻田在秋风的吹送下变得金灿灿的，好似一片朝阳连着另一片旭日，漫山遍野开满了“劳动的花”，随处可以嗅到成熟稻穗儿的馨香。景虽美，味虽香，但外婆却无心欣赏。这一年外婆种了太多的稻谷，为了养育六个孩子，起早摸黑，劳累了几个月，眼看着要收成了，可外婆一点也高兴不起来。听着外婆的讲述，我仿佛看到了外婆眼角泛起的泪花……

外婆缓缓走进稻田，水和泥土和着的稀泥巴使她抬不起脚，一走一个大窟窿，右脚刚迈出去，又艰难地扯动着左脚。外婆就这样艰难地，一步步靠近水稻。太阳也毫不留情，外婆在土里大把挥洒汗水。即使在如此恶劣的条件下，外婆仍然不停地弯腰，挥舞，拾起，扛上。外婆被水稻叶划伤，不管；被镰刀割到，不顾；烈日下有中暑风险，不在意。这就是劳动者的精神，这就是劳动者的赞歌！从一块平地，到一摞摞，再到一垛垛，最后堆成一座座小山。外婆累得直不起腰杆，被镰刀割伤的疤痕也永远留在了她生命中，望着一坝子的稻谷，外婆苦涩地笑了……

外婆年轻时挥舞的不仅有镰刀，更有丰收的喜悦和劳作不便的痛苦……

镰刀的痛苦，外婆终生难忘，她期待着更加先进的收割机。

十几年后，在稻田旁等待的不仅有一把把锋利的镰刀，更有一台柴油机，那是外婆积攒了好久才买回来的新玩意儿。刚拿到，外公就爱不释手，每天都要去擦拭一遍，一连几天开心得睡不着觉。一天夜里，外公居然做梦了：在一大片黄灿灿的稻田里，蜻蜓在飞舞，风儿在吹拂，外婆在不停地割稻子，外公使劲往柴油机的“嘴巴”里喂稻谷，柴油机的声音和着秋风，响彻整个田间。外婆直起身子，回眸，眼里满是对柴油机的喜爱；外公边擦额头的汗水边喃喃自语：“这玩意儿，真好！它不像人，要吃东西，要休息，只要给它灌上柴油一发动，就可以在田间驰骋，虽然不是骏马，但在我们眼里，胜似骏马……”

外婆说：“我们终于脱离了‘镰刀生活’，这种高兴劲儿你们是感受不到的，每个人都开始憧憬着丰收……”

柴油机虽省时省力，但它打出的稻谷苗太多，要人工分拣，有时候从白天捡到晚上都弄不完。不仅如此,它噪声极大,隔着好几公里都能听到。柴油的气味也挺大的,冒出的青烟让周遭的空气一片浑浊,天空也不那么蓝了……

我听得入了神,只看见了那个红色的高大家伙,却不知背后是人们悲喜交加的笑容……

今年暑假,再度回到外婆家。远处,模模糊糊看到一个庞然大物,我好奇地走过去,发现它在田里一点一点缓慢地移动,滚轮碾过了稻子,地上空空如也,不掀起一点泥土,只带走全部的稻谷,外面没有外婆说的烟雾缭绕,更没有惹人心烦的噪声,有的是和煦的秋风,飞舞的蝴蝶,金灿灿的稻浪和让人沉醉的稻花香,构成了一幅和谐而美好的天然画卷……

“外婆,这不是那台柴油机吗?”

“傻孩子,早就更新换代了,这是现代化的收割机。”

现代?我心里充满疑问,看到路径上的水稻,粒粒分明,颗颗饱满。全然没有苗子、杂草的痕迹,外婆拿着扫帚轻轻地将稻谷扫到整个坝子里。

“这台机器呀,寄托了几代人的希冀,承载了几代人的梦想,必将延续下去……”外婆望着我说道,眼里是从旭日里采来的光……

望着外婆的身影,我仿佛看到了祖先们,一次次费力地收割,一回回烦躁地分拣,更预见了未来无人农场的自动化图景……

从镰刀到收割机,这是科技运用于农业生产的生动实践。科技兴,则国兴;科技强,则国强!科技改变了几代人的生活,改变了过去的劳作模式,也必将引领未来……

秋风吹送,稻谷飘香。我愿化作一只青蛙,蹲在田埂上,望着层层稻浪,嗅着阵阵稻香,在科技强国的康庄大道上一路唱响!

墨染华彩，文蕴千年

文/谢弘伶

汉字在历史长河中似一颗璀璨的明珠散发着夺目的光彩……

字·形

汉字有“酒为旗鼓笔刀槊，势从天落银河倾”的草书；有“兰亭茧纸入昭陵，世间遗迹犹龙腾”的行书；有“颜公变法出新意，细筋入骨如秋鹰”的楷书，汉字之形，多如发丝，每种字体各有千秋。

草书点画简单，有行云流水之势，章法也十分丰富，如怀素的《自叙帖》，以圆破方，方圆结合，给人以耳目一新之感。收笔与出锋锐利，兼具刚健与柔美，以自然景物勾勒书法流畅的姿态。

行书又名“行押书”，于楷书与草书之间，所以虽有草书的流畅之感，却又不似草书般深奥，又有楷书的工整，章法自然天成、气势连贯，王羲之的《兰亭序》更被称为天下第一行书，气韵自然，神采飞扬，疏密聚散，大小错落有致，饶是一位不懂书法的人见了，也直呼妙哉！

楷书是人们最为常用的一种字体，笔画严谨、规范、字体工整、秀美。有欧阳询的用笔爽利，结构秀丽方正，颜真卿的敦厚大气，柳公权的挺脱骨干，赵孟頫的用笔遒劲，皆让人为之赞叹。

字·意

人们常说长大后要做一个顶天立地的人。后来爷爷告诉我，汉字里的“天”便蕴含着这份深意。有次爷爷牵着我的小手，走在乡间小路上，绚烂的晚霞染红了整片苍穹，成片的麦浪一眼望不到头。“爷爷，天是怎么来的？”“这个呀！我不知道，但我知道天怎么写。”“切，这个我也会呀！”“嘿，这字里的学问可多着呢，你看“天”时而表人的头顶，有顶天立地之意，时而表抽象的‘上天’，‘一身二人’更蕴含着古人天人合一的观念。”“哇！有这么厉害。”汉字背后深厚的文化让我为之震撼，也开始重新审视这一个个小小的，却又充满智慧的汉字……

字·史

中华文明历史悠久，汉字更是一颗东方明珠，让世界都为之震撼。

说起汉字的起源，少不了一位关键人物——仓颉，传说仓颉被黄帝派去做官，专门负责管理牲口。虽然他记性好，但时间一长难免记不清，而那时还没有汉字，仓颉便想出了结绳记事。可时间一长，解结却十分困难，在多番尝试下，仓颉日思夜想，看尽天上星宿、地上河川，根据自然景物造出了各种形态各异的符号。

此后，古代先民们改进这些符号，先后有了甲骨文、金文、篆书、隶书、楷书、草书、行书等。

汉字之美，美在其形。马致远"枯藤老树昏鸦，小桥流水人家，古道西风瘦马。夕阳西下，断肠人在天涯。"短短二十八字，写尽了游子的思乡之意，勾勒出一幅秋风萧瑟下的游子思乡图，中国汉字这种表意于形的神奇能力是西方文字所无法企及的。

从刻满文字的龟甲兽骨，到厚重古朴的简牍，从粗糙的麻纸，到如今光滑的铜版纸……汉字似一位初生的婴儿，随时间的长河沉淀、逐渐成长，在世界舞台上散发夺目光彩。

墨色的汉字，镌刻在时间长廊上，历久弥新……

给梦想一次开花的机会

文/杨若苓

如果你的信念还站立的话，那么没有人能使你倒下。

——马丁·路德·金

风拂过一株成熟的植物，几粒种子从枝蒂上掉进了花盆里。一只白鸽扑腾着翅膀飞了过来，衔起一粒种子往空中飞去。

“嘿，你带我去哪？”“去……”白鸽一张嘴。种子感到头晕目眩，它在湍急的河流中翻滚，冰冷的河水很快将它的身躯吞没，在一个伸手不见五指的夜晚，河水终于放缓了流速，周围的一切渐渐安静了下来。

当种子醒来时，它看见一个大家伙正愤怒地看着它。“你是谁？石头吗？”种子试探着询问。“石头？”它翻了个白眼，“我是一块璞玉，不是什么石头，这里是我的地盘，你打搅了我的美梦。”“对不起，可是璞玉不是应该蕴藏在高山上吗？”“什么可是？你不要妄想能在这里生活下去！虽然我赶不走你，但你肯定熬不过冬天！”石头居高临下地看着它，“等来年春天，会有一群人发现我，至于你……还是祈祷上帝保佑你吧。”

乐观的种子没有理会它说的话，它唱起了春天的歌谣。石头越来越讨厌这个不安分的家伙，“马上就会刮风了，看你怎么等到春天。”石头恶狠狠地说道。“我可是不怕这种小事情的，当人类来到这里，我将被他们发现，成为最完美的艺术品。”石头高傲地说。不久，风开始刮起来了，冷风接着热风，一场接着一场。周围的植物都被拔地而起，在空中打着转。种子死死地贴在地上，听着风肆意地呼啸而过。它想：“等风停下来了我就会发芽了。”于是，在最后一场风戛然而止的时候，暖洋洋的春天来了。种子不但没有被冻死，反而发了芽，生了根。根从石头下钻过，芽从石头旁挤出，露出了地面。

“等着瞧吧，快下雨了，你会被雨水淹死的。”石头又开始盼望下雨。不一会儿，天空出现了乌云，乌云压得越来越低，天边似乎有猛兽正声嘶力竭地怒吼。雨点像断了线的珠子一个劲地往下掉，一瞬间电闪雷鸣，地动山摇，地上的碎石四处乱滚，泥沙被卷得漫天都是。这种景象使石头也随之震动起来。可是种子不但没有害怕，反而快乐地迎接着雨水，它舒张着身子，旺盛地生长。种子心想，这也许是上帝给我的馈赠。接连好几场大雨之后，种子变成了一株瘦弱的草苗。

“还没完呢，”石头恨得牙痒痒，“马上就到旱季了，就算你不怕水，你也不能在没水的地方生长。植物都是离不开水的，可我既不怕潮湿又不怕干燥，只要过了旱季，人类就会来这里，他们都会被我吸引。”没多久，太阳真的高高地挂在天空，阳光炙烤着大地，热浪在周围翻滚，缺水的植物都耷拉着头，慢慢变得暗淡无光。草苗顶着头顶上的太阳，一个劲地将根往下延伸着，汲取着地下的水分，在经历了太阳的连续暴晒之后，草苗的头顶上长出了一个小花苞，它终于变成了一株向日葵。

“别高兴得太早，你会因为支撑不住自己的重量倒下来的。”石头依然盼望着种子遭遇不幸，但小向日葵并不会因为这些诅咒停止生长。它的根一天天往深处扎，它的茎一天天变得粗壮而结实，它的叶子一天天长得更旺盛。终于有一天，小向日葵头顶上的花苞绽放出一朵金黄色的向日葵花，幸福地围着太阳转。

种子成熟了，落到新的土壤里去，长出了新的向日葵。周围的向日葵越来越多，石头很快被遮得严严实实，金灿灿的向日葵吸引很多人来，谁也没有注意到在向日葵花海下的石头。

“当我为梦想竭尽全力付诸行动的时候，你却在祈求上帝的保佑。没有人生下来就是璞玉，奢望不切实际的梦想能够实现，不如亲手去改变自己的命运。”最初的那颗向日葵叹了口气，同情地看着疲惫的石头。

当漫山遍野都是向日葵的时候，石头从希望到失望，在冷和热之间不断交战，在潮湿和干燥之中不断更替，在植物的根不断穿透以后，终于破裂了，变成了植物的养料。

后记：有些人让梦想悄然灭绝，有些人则细心呵护，直到它安然度过困境，迎来光明和希望。光明和希望总是垂青那些真心相信梦想定会成真的人。

打不赢的官司

文/郑洁

不知道自己的无知，乃是双倍的无知。

——柏拉图

时间：2021年5月7日下午3:00

地点：中国人民法院

人物：王二、李四、“手机”

事件：驾驶员王二在行驶过程中玩忽职守，接听电话，与迎面而来的大货车相撞，导致货车司机李四出现脑震荡，于中央医院紧急抢救。该驾驶员王二在事发后不但没有对原告进行抢救，还逃逸，性质恶劣，于2017年5月8日凌晨在火车站被捕，收押于公安局。

判决结果：以上事件经查证属实，王二犯交通肇事罪，被判处有期徒刑三年，并赔偿原告李四五万元现金。

王二被关押在监狱里，无所事事，以为他会好好改过自新，认识到自己的错误，可是王二却整天想着为自己翻案……

进入监狱的第三天，王二在牢房冥思苦想，回忆事故发生时的一点一滴，终于让王二发现了可疑之处：当时自己玩手机，不注意路况，李四不可能没注意到自己开的这辆宝马，难道李四当时没有专心开车？

带着这一疑惑，王二找到了自己的表哥帮自己翻案，原来他的表哥是政法大学的教授，国内著名法律专家。经法院同意，公安局重新审查此案。

李四正在医院里接受审讯：“你当时开车为什么没有注意到王二的车呢？”“我当时可能只盯着后面的车了，怕后面的白色法拉利追尾吧！”李四低着头，不敢看局长的脸，局长似乎觉察到李四有什么事隐瞒着，便继续追问：“李四，你确定你当时神志清醒吗？”李四心里被触动了一下，他脸色煞白，额头上沁出了许多汗，李四下意识地用手摸了下鼻子，结结巴巴地吐出几个字：“我当时非常清醒，意识很……”局长一下子脸色变得很难看：“刻意隐瞒事实，是会被追究法律责任的。”李四吓慌了，手紧紧攥着乳白色的床单，咬着牙……局长语重心长道：“只要你出庭，澄清王二没有造成事故，是你一手造成的，想一下吧，你的家人……”李四整个脸都变得铁青，手握成拳，青筋突出，发出“咔咔”声，局长从公文包里取出一份合同书，胁迫李四签字。李四家境贫寒，生性就懦弱，再看到局长给了家里每月津贴，就答应了。

三天后，法院开庭了。由于公安局局长在李四住的医院仿造了一份体检报告，再加上王二表哥的能言巧辩，最后以酒驾的名义判李四有期徒刑三年。王二以为自己就能平安无事，但因开车玩手机被罚款三千元人民币。王二心有不甘，又把手机告上法院。

手机不服气，但凭他一己之力掀不起狂风巨浪，于是他找到了李四。李四本不愿意，不想再得罪王二，毕竟王二家境富裕，就连局长也被收买了。但经手机的苦苦相求，李四决定拼一回。可是，为什么手机会这么自信，以为自己能翻案呢？

原来，王二与表哥、局长勾结的通话以及整个案件的详情都被手机记录了，王二在删除信息以前，手机已自动保存通话记录。只要掌握了这些证据，王二一定会被绳之以法。

终于，经过连续五天的审理，事情的来龙去脉清楚了：当天王二在高速公路上行驶，接听电话，一时分心，与迎面而来的货车相撞，货车司机李四为省钱，货车刹车系统失灵也不去维修，结果就酿成这一悲剧。

法院以交通肇事罪、故意诬陷他人、贿赂行政人员等罪名判处王二七年以上有期徒刑，以贪污罪判处公安局局长有期徒刑四年，没收其贪污财产，革去官职。李四也因造成了交通事故，罚款三千元。

孟子云：不以规矩，不能成方圆。法律面前，人人平等。作为一名公民，我们应该积极学习法律知识，自觉遵守交通规则，牢固树立安全第一的意识。只有这样，社会才能安定，国家才能富强，我们才能幸福地生活下去……

荷包蛋的味道

文/周彦博

母爱如荷包蛋,香醇而朴实……

清晨,窗外黑黢黢一片,大地一片寂静,万物仍在沉沉的睡梦中,我拖着疲惫的身躯,缓缓下了床。一眼就瞥见了餐桌上的两个荷包蛋,心里一阵恶心,嘴里嘀咕着:"又要吃那该死的荷包蛋!"

坐上餐桌,呆呆地望着碗里的荷包蛋,手却迟迟没有动起来。妈妈威严的声音传入耳畔:"赶紧吃了上学去。"我极不情愿地拿起筷子,慢吞吞地夹起荷包蛋,轻轻咬了一小口,感受不到丁点儿香甜,寡淡得如同嚼蜡。我低着头,生着闷气,心不在焉地搅动着碗里的荷包蛋。忽然,一块黑红的伤疤映入我的眼帘,伤疤上还渗着一条条血丝,周围的皮肤红肿,这明显就是烫伤后的状况。

我急切地问:"妈妈,您这是怎么啦?您的手怎么成这个样子了?"

"没事,你赶紧趁热把那荷包蛋吃了吧。"

"快告诉我,为什么?"

"就是做荷包蛋的时候,不小心被烫伤了……"

我已经听不清楚妈妈讲了些什么,眼泪在眼眶里打转。小时候,我的手也被油"伺候"过,当油溅在我手上的时候,我感觉像有一个高温的铁球扎在我的身上,瞬间通红一片,火辣辣地疼。那一刻,我抱头痛哭,钻心的疼痛,使我感觉手都不是我自己的了。

看着妈妈通红的手,眼泪终于夺眶而出了——

曾经,天冷了,妈妈叮嘱我多加一件衣服,我嫌她啰嗦;考试前,妈妈一遍又一遍提醒我要认真答题,我觉得她好烦;夜晚,妈妈挑灯为我缝补衣裤,我却嗤之以鼻……过去就像放电影一样,一幕一幕呈现于我的眼前——

我趴在桌上,悄悄地哭了,悔恨如潮水般在心中翻涌,擦去晶莹的泪珠,我看见了妈妈脸上细小的皱纹,交错分布的斑点,那是岁月的痕迹,那也是妈妈关爱我的印证。我不由得低下了头,夹起碗里那个荷包蛋,咬了一口,仔细咀嚼起来。荷包蛋的醇香填充了我整个口腔,越咀嚼越有甘甜的味道,这就是妈妈的味道,这就是母爱的味道:香醇、朴实而弥久……

我大口地吃着剩下的荷包蛋,那份香醇、朴实的味道久久回荡在我的口中……

那于阳下的叶

文/汪念婷

微风拂动，青绿的叶载着那缕缕斜阳光晕，生命的芬芳也馥郁着……

“日日春光斗日光，山城斜路杏花香。”微风携云揽露，踏着夕阳的点点光轮，与春色邂逅在这斜阳里，共赴下一场山海。

杏花点点盈满了院墙，芬芳装饰了我的窗。爷爷独自站在院中树下，望着春风送下的落叶，独自感慨。寻向所望，那缀挂于树上的，舒展着的叶充盈着活力，像极了那富有朝气的少年，往事如柳絮，又飘回了心间……

“咚，咚，咚……”篮球与地面相撞，发出节奏感十足的鼓点，“出去打球吗？”少年扬起了灿烂的笑容，窗外阳光正好，我可没有拒绝的理由，干脆道：“走！”

晶莹的汗珠在阳光下闪动着，篮球在尘土飞扬间投向了篮筐，“你又赢了，真是的。”我抹了把汗，投去幽怨的目光。

忽地，听得一声口哨声，两三个约莫20岁的青年出现在运动场的一旁，捡起了一旁的篮球，和少年切磋起来。不一会少年就有些不敌了，最终的结果也是显而易见的，少年输了。其中一个青年见少年气喘吁吁的样子，慢悠悠开口道：“你这还是不太行啊，要不我们教教你怎么打好篮球吧？”他不怀好意地笑笑，少年鬼使神差地点了头。

转头，“你先回去吧，我向他们请教一下就回。”我点点头。走时望见那几个青年递给少年一小包白色粉末，一本正经地说：“吃了这个才好提升球技，我们几个都是这样的，是吧？”接着就是长久不断一阵笑声。后面的，由于距离原因，就没再听到了。

隔天，少年和我再次一起打球时，我明显感觉到他的精力格外旺盛，我自然不敌，很快败下阵来。

“他们到底怎么教你了啊，提升这么快？”

“秘密！”

后面便到了上学的日子了，但在学校里我却鲜少与少年碰面了。

偶然的某天中午，送东西去办公室时，撞见了翻上院墙的少年，熟悉的口哨声又响起了，他只匆匆避开我的视线便跳下院墙离开。我预感到了什么不好的事。

放学后去到少年家中，待到夕阳落下，也只有那紧闭着的大门，它似乎不愿再向我敞开。暮色模糊了我的视线，不愿再向我敞开的，或许早已不仅仅是他家的大门了，步履声渐远了……

几日后，爷爷告知我，少年辍学了，爷爷很遗憾，少年是他最看好的学生，他郁闷少年为什么辍学。我看向了那渐黄的叶,沉默不语。

再次路过少年家的门前时,大门仍是紧闭着的,院中的大树,叶也枯黄,风中混杂着止不住的咳嗽声,格外刺耳。

最后一次见到少年,是在那小小的车窗里。瘦得皮包骨的他,没有一丝生气,像极了他家院子里那枯黄的黄叶。

晨光冒头,车子载着少年,在警笛的鸣声中,驶向了远处。他只留下了一句话:“我走了,去悔改,去戒掉,去看黎明。”

院子里,那光秃的枝在阳光下,又抽出了新芽,天快破晓了……

思绪飘回,夕阳的光晕照着那嫩绿的叶,生机涌动,夕阳沉下后,它终将再次迎来黎明……

绿叶在阳光下才会勃发,人生只有不与毒品同流合污时,才会走向真正的光明。

让阳光再次洒下吧,孕育那满树的盈盈生机,将那黑暗驱逐,共创那诗意之春……

后记

随着《赛场夺魁——中学生参赛作文指津》一书的完成，我深感心中的一块石头落了地。这本书不仅凝聚了我多年的教学经验和智慧，更是我对写作教学的一次深入思考。在AI技术汹涌澎湃的今天，写作教学的价值和意义被一些人质疑，但我坚信，真正的写作艺术和个性化表达是AI无法替代的。

在撰写这本书的过程中，我时常回想起自己多年的作文教学之路。那些与学生一起探索、实践、创新的日子，那些为了设计一堂精彩的作文课而绞尽脑汁的夜晚，那些看到学生们在作文竞赛中取得优异成绩时的喜悦和自豪，都历历在目。这些经历让我更加坚定了自己的教学信念和追求，也让我更加明白了写作教学的复杂性和多样性。

每个学生都有自己独特的写作风格和潜力，如何激发他们的写作热情，如何引导他们探索和实践，是我一直思考的问题。在书中，我不仅提供了具体的写作策略和技巧，还结合了大量的范文和实例，希望能够更加直观地展示优秀作文的标准和特点。同时，我也特别强调了写作的艺术性和个性化表达的重要性，希望读者能够在追求写作技巧和效率的同时，不忘保持对写作的热爱和对文学的追求。

这本书的独特价值在于它不仅仅是一本关于如何写好参赛作文的指导书，更是一本能够激发学生写作热情、提升他们写作自信的宝典。面对AI写作的时代浪潮，给困惑不已的语文老师在写作思想上释疑除惑，告诉老师们：将学生引领进高水平、高品质、高效率的写作殿堂，是语文教学绕不过去的“永恒话题”，探索、研究怎样给学生一把打开写作宝库、提升写作能力的“金钥匙”，也是每个语文老师责无旁贷的“教学主业”和“教学主责”。

在书中，我详细讲解了参赛作文取胜夺冠的策略，从拟题、审题立意到修改润色和结尾等，都进行了系统而全面的讲解。在每个策略专题中，我又分别建构了“要义解说”“策略解密”“审题缺陷”“应对策略”“真题再现”“命题解析”等极富操作性、实践性与可行性的具体策略。“小试牛刀”引导学生从理论到实践进行具体操练，“范文引领”帮助学生对比借鉴，“习作点评”让学生从老师的点评中实现理论到实践的写作提升，这样的设计不仅让学生能够更加深入地理解和掌握写作策略和技巧，还能够让他们在实践中不断地锻炼和提升自己的写作能力。

同时，我也精心搜集整理了数十篇文质兼美的写作范文，供老师和同学们研读借鉴。这些范文不仅展示了优秀作文的标准和特点，还能够让学生在对比和借鉴中找到自己的写作差距和提升方向。我相信，通过这些范文的学习和实践，学生们一定能够在写作中取得更加优异的成绩。

在撰写这本书的过程中，我也深刻体会到了写作教学的挑战和不易。每个学生都有独特的写作难点和困惑，书中力求因材施教，针对不同学情提供个性化指导。希望能够为每个学生提供更加个性化和有效的写作指导。

同时，我也意识到了自己的不足和需要改进的地方。在未来的写作教学中，我将继续探索和实践更加科学、有效的教学方法和策略，不断提升自己的教学水平和能力。我也希望广大师生能够在使用这本书的过程中提出宝贵的意见和建议，共同推动写作教学的进步和发展。

此外，我还想特别感谢那些一直支持我、鼓励我、与我一起探索写作教学之路的同事们、学生们和家长们。是你们的陪伴和努力让我更加坚定了自己的教学信念和追求。在未来的日子里，我将继续秉承“示范引领、以写促学、以赛激趣”的写作理念，不断探索和实践更加科学有效的写作教学方法和策略，为广大学生提供更加优质的教学服务。

最后我想说，《赛场夺魁——中学生参赛作文指津》不仅仅是一本关于如何写好参赛作文的指导书，更是一本能够激发学生写作热情、提升他们写作自信的宝典。我相信在未来的日子里这本书一定能够成为广大师生的良师益友，帮助他们在写作的道路上不断前进、不断超越。

同时我也希望广大师生能够在使用这本书的过程中不断探索和实践更加科学有效的写作方法和策略，共同推动写作教学的进步和发展。让我们一起努力让写作成为连接心灵、传递思想、表达情感的桥梁让每一个热爱写作的人都能在这个舞台上绽放自己的光芒。

在未来的日子里,我将继续致力于写作教学的研究,不断提升自己的作文教学水平和能力,为广大学生提供更加优质的教学服务。我也期待能够与更多的语文老师一起分享我的教学经验和心得,共同探讨写作教学的未来发展方向和路径。

最后再次感谢所有支持我、鼓励我、与我一起探索写作教学之路的同事们、学生们和家长们。是你们的陪伴和共同努力让我更加坚定了自己的教学信念和追求。我相信在将来的日子里我们一定能够共同创造更加美好的写作教学未来!

在这本后记的结尾,我想用一句话来概括我的心情和期望:愿我们的学生在写作的舞台上绽放越来越多光芒,愿写作教学之路越走越宽广!